일일시수행

HIBI KORE SHUGYŌ-GENDAI-JIN NO TAMENO BUKKYO 100WA
Copyright ⓒ 2009 by Shizuka SASAKI
First published in Japan in 2009 by CHIKUMASHOBO LTD.
Korean translation rights arranged with CHIKUMASHOBO LTD.
through Japan Foreign-Rights Centre/Shinwon Agency Co.

이 책의 한국어판 저작권은 Shinwon Agency Co.를 통한 저작권자와의 독점계약으로 (주)조계종출판사에 있습니다.
저작권법에 의해 한국내에서 보호를 받는 저작물이므로 무단전재와 무단복제를 금합니다.

일일시수행

아름다운인연

옮긴이의 말

이 책은 내가 번역한 사사키 시즈카 선생님의 두 번째 책이다. 일본 유학시절 나는 처음으로 선생님의 강의를 청강하게 되었으며, 학위를 받을 때까지 사사키 선생님에게 가장 많은 강의와 지도를 받았다.

사사키 선생님은 처음에 청강하겠다고 찾아간 나를 보고 한숨을 쉬었다고 한다. 이 책에서도 소개되고 있는데, '곤니찌와(안녕하세요)도 제대로 못하는 사람이 어떻게 수업을 듣겠는가' 하고 걱정을 많이 했다는 것이다. 그러나 해가 바뀜에 따라 선생님은 나의 든든한 후원자가 되어 주었다. 더 열심히 공부할 수 있도록 용기를 주었고, 때로는 날카롭게 때로는 자상하게 외국에서 온 낯선 비구니를 세심하게 이끌어주었다.

이 책을 번역하게 된 인연은 선생님이 〈아사이신문〉에 글을 연재하던 당시, 연재가 끝나면 한국어로 번역해서 출간하라며 농담처럼 던진 말에서 시작되었다. 불자가 아닌 일반인을 대상으로 한 글이기에 아주 쉽게 썼다며, 누가 읽어도 좋은 글이라고 당당하게 말씀하셨던 것이 기억 난다.

그리고 몇 해 뒤, 한국에 학술발표 차 오신 선생님으로부터 책 한 권을 선물 받았다. 선생님은 웃으면서 몇 년 전 이야기한 〈아사이신문〉의 칼럼을 묶은 책이라며 일단 읽어보라고 했다. 농담처럼 오간 약속이 순간 부담으로 다가왔지만, 책을 읽고 난 후엔 더 망설일 이유가 없었다. 지금 우리 사회에 꼭 필요한 불교의 메시지를 아주 쉽고 간결하게 전달하고 있기 때문이다.

선생님의 말처럼 부디 이 책을 읽는 모든 이들이 부처님의 말씀을 인생의 지팡이로 삼아 혼잡한 세상에서 잠시나마 평온해질 수 있기를 바란다.

2012년 2월
원영

차례

옮긴이의 말 _ 4
들어가는 말 _ 14
후기 _ 334

1. 인생을 바꾸고 싶다고 말하는 이들에게

1 부처님의 말씀은 사물을 바르게 인식하는 법이다 _ 21
2 과거의 모든 경험을 의미 있게 만들어라 _ 24
3 수행자가 모두 훌륭한 것은 아니다 _ 27
4 명상만으로 마음을 바꿀 수는 없다 _ 30
5 실패에 몰입하라 _ 33
6 마음을 집중하는 계기를 만들어라 _ 36
7 그렇더라도 매일 정진하겠다는 각오 _ 39
8 깊은 밤 숲속에서 시체와 단둘이 _ 42
9 수행에는 훌륭한 스승이 필요하다 _ 45
10 세속에 아첨하지도 휘둘리지도 말라 _ 48

11	침실에서 스탠드를 켜고 명상하기	_ 51
12	스스로 선택한 길은 자부심으로 고칠 수 있다	_ 54
13	물질문명의 최전선에서 불교가 꽃피는 이유	_ 57
14	수학문제와 명상수행	_ 60
15	살아 있는 부처님께 햄버거를 올리다	_ 63
16	신의 규칙보다 더 중요한 것이 있다	_ 67
17	살생금지의 진짜 뜻	_ 70
18	고기를 먹지 않기 때문에 훌륭한 것이 아니다	_ 73
19	신통한 스님에게 인생을 맡겨야겠다고?	_ 76
20	인생을 바꾸고 싶다고 말하는 이들에게	_ 79
21	나에게 유리한 것이야말로 함정이다	_ 82
22	사찰은 언제나, 누구에게나 열려 있어야 한다	_ 85
23	스님의 집세는 얼마일까?	_ 88
24	고통을 끊어낸 자리에 평화가 있다	_ 91
25	똑바로 보면 무섭지 않다	_ 95

2

고통이
내 인생을

별 볼 일 없게 만들도록
두지 마라

26 불교에만 있는 가르침을 배워라 _ 101
27 '내일의 운세'쯤은 봐도 좋다 _ 104
28 부처님도 가끔 딴짓을 한다 _ 107
29 단지 명상을 한다고 훌륭한 수행자는 아니다 _ 110
30 끙끙대며 삶을 이해하다 _ 113
31 마음의 법칙을 발견하는 과학과 불교 _ 116
32 과학과 불교, 한 점에서 만나다 _ 119
33 삼장법사를 닮아라 _ 122
34 따뜻한 서열제 _ 125
35 절 안의 교육시스템 _ 128

36	스승의 잘못을 보았다면 어떻게 할까 _ 131	
37	조각을 이을 때 비로소 알게 된다 _ 134	
38	부처님은 깨달음을 위해 가족을 버리라고 하지 않았다 _ 137	
39	고통이 내 인생을 별 볼 일 없게 만들도록 두지 마라 _ 140	
40	자살은 악惡이 아니다 _ 143	
41	자신을 올바로 보존하는 것이 최고의 선 _ 146	
42	불교는 어디까지 사회 참여를 할까 _ 149	
43	불교의 성쇠는 승려의 품격에 달려 있다 _ 152	
44	'절대로 옳다'는 생각은 위험하다 _ 155	
45	불교의 원리는 인과의 법칙이다 _ 158	
46	엉뚱한 과학자에게 보시하다 _ 161	
47	무직자 부처님이 살아갈 수 있었던 이유 _ 164	
48	치열한 각오가 없다면 스님이 아니다 _ 167	
49	깨달은 사람만이 깨달음을 안다 _ 170	
50	'나'의 존재만으로 누군가에게 힘이 된다면 _ 173	

불행의 씨앗을 골라내는 3

지혜

51 불행의 씨앗을 골라내는 지혜를 갖추다 _ 179
52 결론보다 생각의 과정이 중요하다 _ 182
53 무심한 큰 바위에서 역사를 읽다 _ 185
54 무엇이 나를 살아가게 하는가 _ 188
55 소승불교에 대한 오해 _ 191
56 경전의 차이를 알면 불교가 보인다 _ 194
57 종교는 어디까지나 나의 선택일 뿐이다 _ 197
58 진짜 종교인지 알려면 운영 과정을 보라 _ 200
59 타인에게 가르침을 전할 때는 신중하고 조심스럽게 _ 203
60 치밀하고 합리적인 율로 자유로워지다 _ 206

61	법이 자긍심 있는 인생을 만든다	_ 209
62	불교의 DNA는 율 속에 담겨 있다	_ 212
63	율, 인간의 생생한 활동사를 읽다	_ 215
64	승僧은 수행 시스템이다	_ 218
65	탁발 면허증으로 스님을 공경하다	_ 221
66	동남아시아에는 왜 비구니가 없을까	_ 224
67	최선을 다해 죽는 방법	_ 228
68	석가모니도 생각하지 못한 남녀평등의 수행세계	_ 231
69	씩씩하고 쿨한 비구니들이 불교를 지킨다	_ 234
70	수행이 일상이 되면 킹코브라도 무섭지 않다	_ 237
71	죽음 뒤에는 무엇이 있을까	_ 240
72	불교 예술이 불교는 아니다	_ 243
73	스마트폰 시대에 생각하는 법	_ 246
74	죽을 것인가 출가할 것인가 일어날 것인가	_ 249
75	뇌 과학으로 밝혀지는 마음의 구조	_ 252

4 기도보다 더 빠른 길은 스스로 달리는 것

- 76 나의 뇌가 나를 세뇌시킨다 _ 257
- 77 불교병원 원장님의 처방 _ 260
- 78 정확한 데이터 불교 _ 263
- 79 생각하다, 생각하다, 생각하다 _ 267
- 80 시간의 흐름에 속지 말라 _ 270
- 81 성실한 대화만으로 공감하는 종교가 있다 _ 273
- 82 불교를 믿지 않아도 모두 같은 생명 _ 276
- 83 심심한 하루하루가 삶의 가장 큰 의지처다 _ 279
- 84 열등감도 마음의 영양분이다 _ 282
- 85 당연하게 여기는 것들을 돌아보라 _ 285

86 정보의 홍수시대, 진짜 정보를 찾아라 _ 288

87 말을 다듬는 것도 수행이다 _ 291

88 마음에 숨은 악역을 찾아내라 _ 294

89 나를 지켜 보는 사람이 나를 키운다 _ 297

90 시간이 주는 선물, 삶의 고통을 알다 _ 300

91 나의 불행은 인과응보 때문이 아니다 _ 303

92 삶의 방법은 나라에서, 삶의 이유는 종교가 담당한다 _ 306

93 보시는 얼마나 적당한가 _ 309

94 불교는 신앙이 아니라 신뢰다 _ 312

95 기도보다 더 빠른 길은 스스로 달리는 것 _ 315

96 종교에 조종당하지 않으려면 _ 318

97 학문과 실천이 만나는 곳에 불교가 있다 _ 321

98 진정성은 옳은 것을, 올바르게 말하는 데 있다 _ 324

99 마음의 법칙성을 알고, 마음을 개선한다 _ 327

100 행복으로 해결할 수 없는 고통이 있다 _ 331

들어가는 말

　불교는 지금 이 시간에도 여러 나라에서 널리 퍼지고 있다. 많은 승려가 활발하게 활동하고 있으며, 그들을 따르는 수많은 신도들이 늘고 있다. 불교라는 종교가 이 세상 속에 확실히 존재하는 증거다. 그런데도 '불교란 무엇인가?'라는 질문에 답하기는 쉽지 않다. 눈앞에 보이는데도 말하기 어렵다는 점에서 불교는 잡을 수 없는 구름 같은 종교다.

　불교에 대해 '무아 사상이다', '공의 가르침이다', '부처와 일체화를 목적으로 하는 길이다' 등 여러 주장이 있지만 여기에는 반대하는 주장이 반드시 뒤따른다. 무아를 설하지 않는 불교, 공이 아닌 가르침, 부처와 일체화를 목적으로 하지 않는 불교도 있다.

일본의 경우 종파마다 서로 다른 주장을 내세운다. 중생을 제도하는 길도, 수행하는 형태도, 수지하는 경전도, 의식을 집행하는 방법도 다르다. 한 나라에서조차 이러한데, 세계적으로 따진다면 불교는 더 많은 다양성을 가진다. 한마디로 불교는 '여러 형태의 혼돈된 종교'라고 할 수 있다.

불교는 오랜 세월이 지나면서 몇 가지 사건을 계기로 다양성을 인정하는 종교로 변했다. 변화의 계기가 된 '어느 시기와 어떤 사건'을 연구하는 일이 불교학자인 나의 전공분야다. 그간에 발표한 연구는 무척 까다롭기에 여기서는 구체적으로 다루지 않겠다. 다만 여러 특별한 사정으로 불교는 '가르침의 다양성'을 인정하는 종교로 변하였고, 그 결과 불교라는 이름 아래 잡다한 여러 가르침이 혼재하게 되었다. 이는 각기 다른 사람이, 다른 시기, 다른 장소에서 생각해낸 것이기에 하나로 뭉뚱그려 담아낼 수 없다. 따라서 여러 가르침을 따로따로 놓아둘 수밖에 없다. 그것이 현재의 '혼돈된 불교'다.

불교를 바르게 이해하고 싶다면, 전체를 하나의 사상으로 집약하여 이해하려 하면 안 된다. 여러 가르침 중 눈에 띄는 것을 추려 '이것이 불교의 본질이다.'라고 주장하는 것 또한 아무 의미가 없다. 자기 식대로 해석하여 짜 맞춘 '가공의 불교'라는 덧대기 작업 patch work에 불과하기 때문이다.

한마디로 불교란, 석가모니라는 출발점에서 뻗어 나온 한 줄기에서 오랜 세월 복잡한 가지로 나누어지고, 때로는 가지와 가지가 융합하여 그물코와 같은 계통수系統樹 전체를 가리키는 명칭이라 할 수 있다. 불교를 이해하는 것은 계통수 전체를 샅샅이 살피는 것이기에 무척 힘든 일이다. 구름을 잡는 것보다 더 어렵다. 그러나 계통수 하나하나 세부적으로 들어가지 않더라도 큰 줄기만을 보는 방법은 있다. 작은 것에 구애받지 않고 가지마다 특성을 찾아보면 불교의 모습을 대략 짐작할 수 있다.

'불교 속의 이 가지는 이러이러한 가르침을 설명합니다', '이쪽 가지는 이런 생각을 합니다'라는 식으로 살펴보는 것이다. '무아의 가르침', '공의 가르침', '아미타의 구제', '유식사상', '모든 것에는 불성이 있다'라는 것 등, 현대에도 자주 들을 수 있는 불교의 가르침은 모두 그러한 가지 중 하나다. 거듭 말하지만 이렇게 모두 정리한다 해도 불교의 모습은 어디에도 보이지 않는다. 불교를 말하기 위해서는 수많은 가지 중 어느 하나를 골라 '이 가지는 이렇게 설명합니다'라고 말하는 방법밖에 없다.

그런 점에서 이 책에서 말하려는 것은 복잡한 계통수 중 가장 근본이며, 최초의 근간을 이루는 '석가모니 불교'다. 여기에는 일본 불교가 모두 대승불교이고, 대승불교는 석가모니보다 후대에 발생한 새로운 가지이기 때문이기도 하다. 오래 전 일본에는 스리랑카나 태국 등지의 남방불교 국가에서 전래된 소승불교, 초기 불교가 뿌리를 내렸지만, 현재 승단 운영은 부처님 당시와 많이 달라져 석가모니 불교를 나타낸다고 할 수 없다. 이 책에서 나는 '불교학'이라는 학문을 통해 알 수 있는 2600년 전 존재한 석가모니 불교를, 가르침이나 철학이 아닌 운영 이념을 소개하고 이를 일상생활에 활용할 수 있는 형태로 말하고자 한다.

또한 이 책의 목적은 석가모니가 설한 '삶과 죽음'의 방법을 독자 여러분 스스로 깊고 고요하게 생각할 수 있도록 하는 데 있다. 석가모니 불교는 교의敎義로 억압하는 종교가 아니다. 필요한 이를 기다리는 병원 같은 종교다. 그러므로 필요한 사람에게만 효과를 발휘한다. 이 책은 그것을 소개하는 팸플릿이다. 읽어보고 '나한테 맞을 것 같다'고 생각한다면 한 걸음 더 앞으로 나아가기 바란다. 거기에서 '인생의 지팡이'를 발견할 수 있을지 모른다.

이 책이 계기가 되어 한 사람이라도 더 부처님과 인연 맺기를 진심으로 기원한다.

인생을 바꾸고
       싶다고   **1**

            말하는   이들
                     에게

우리는 깨어 있어야 한다.
깨어있음을 통해 지혜의 힘을 일으켜야 한다.
불교의 목적은 '지혜'라는 강력한 힘을 통해
자신의 마음을 고쳐나가는 데 있다.

1
부처님의 말씀은 사물을 바르게 인식하는 법이다

_ 이 책에는 100편의 이야기가 들어 있다. 내가 2년 동안 신문에 연재한 칼럼을 대부분 다시 손질한 것이다. 연재하는 동안 여러 각도에서 삶과 죽음을 조명하고, 쓰고 난 뒤에도 한 편 한 편 곰곰이 다시 생각하는 그런 날들을 보냈다. 신문이라는 미디어를 통해 많은 독자와 인연을 맺었다는 생각이 무엇보다 큰 힘이 되었지만, 한편으로 자신의 견해를 대중에게 발표한다는 일에 얼마나 큰 책임감이 뒤따르는지 새삼 실감했다.

'자살은 죄악이 아니다'라는 글이 신문에 처음 실린 뒤, 글을 비판하는 투서 몇 통과 진심을 담은 감사 편지를 많은 분에게 받았다. 물론 감사 편지는 가까운 이를 자살로 잃은 분들이 보낸 것이다. 그 편지를 읽을 때마다 눈물이 흘렀다. 그리고 내가 흘려보낸 말들이 좋건 나쁘건 상관없이 많은 이의 마음에 여러 가지 생각을 불러일으킨다는 것을 깨닫고 옷깃을 바로 세웠다. 미디어를 통해 어떤 생각을 표현할 때는 그 말에 무조건 책임을 져야 한다. 더구나 삶의 태도에 대한 말이라면 더더욱 그렇다는 것을 깨달았다.

만약 내 삶을 주제로 무언가를 말하려 했다면 제대로 이야기하지 못했을 것이다. 남에게 교훈을 줄 만한 일을 한 적이 별로 없기 때문이다. 그러나 행복하다고 느낄 때마다 내 옆에는 항상 석가모니라는 가장 지혜로운 이가 함께 있었다. 부처님께서 남긴 여러 가지 말씀은 나에게 사물을 바르게 인식하는 방법을 가르쳐 주었다. 오늘을 살아가는 평범한 사람들이 좋은 삶을 살기 위한 방법으로 그러한 부처님의 말씀을 활용할 수 있도록 소개하는 일이 내 글의 목표였다.

부처님의 말씀을 어떻게 들려주어야 할지 고민이지만, 우리 삶에 조금이라도 유용한 가치를 느낄 수 있도록 부처님의 가르침을 고스란히 전하고 싶다. 오직 그 생각만 하면서 글쓰기를 계속했다. 그리고 여러 번 검토하여 책으로 정리하였다. 책으로 펴내면서 그만큼 책임도 더 무거워지고, 인연의 기쁨도 더욱 깊어질 것이다. 이 모든 것이 석가모니라는 인물을 알게 된 나의 행운이다.

옛날 인도에서 쓰인 불교 서적에는 머리말에 반드시 부처님을 찬탄하는 글이 실려 있다. 나도 그처럼 첫 번째 글에서 부처님의 덕을 찬탄하고 서서히 본론으로 들어가고자 한다.

2
과거의 모든 경험을 의미 있게 만들어라

_ 어린 시절 과학자가 되고 싶었던 나는 초등학교 학급문집에 '노벨상을 받고 싶습니다'라고 썼다. 그때 나는 꿈 많은 과학 소년이었다. 그런데 오랜 꿈을 좇아 큰 뜻을 품고 교토대학 공학부에 입학한 뒤, 나와는 비교할 수 없을 만큼 머리가 좋고 뛰어난 재능을 가진 학생들을 많이 만났다. 나는 막다른 골목에 들어선 듯했다. 정신을 차리고 보니 어느새 나는 과학과는 아주 먼 학문을 연구하는 불교학자가 되어 있었다. 그동안 여러 사정으로 삶의 방향을 바꿀 때마다 그때까지 쌓은 것이 물거

품이 된 것 같은 상실감을 느꼈다.

하지만 지금 이렇게 불교라는 세계에 몸을 담고 나서는, 허무하게 잃어버렸다고 생각한 인생의 여러 경험이 지금의 '나'라는 존재를 자연스럽게 만들어 왔다는 것을 알게 되었다. 쓸모없다고 생각한 과거의 다양한 경험이 오늘의 내가 살아가는 데 중요한 영양분이 되었다는 사실을 다시 한 번 깨닫게 된 것이다.

그렇게 생각하는 가장 큰 이유는 불교학을 공부하면서 불교라는 종교의 본질을 차례로 볼 수 있었기 때문이다. 현재 일본에 널리 퍼진 불교도 본래 줄기를 거슬러 올라가면, 결국 석가모니에게 귀착한다.

나는 먼 옛날 인도 땅에서 부처님이 만든 불교의 참모습이 어떤 것이었는지 연구하는 사이에 불교의 핵심을 보게 되었다. 그 핵심을 한마디로 말하면 '수행'이다. "인생의 가치는 성실하게 노력하는 것에서 발견할 수 있다." 그것이 바로 불교의 본뜻이자 가르침이다.

사람은 인생에서 잘못할 수도 있고, 실패할 수도 있다. 잘못한 것은 고치면 되고, 실패한 것은 다시 하면 된다. 아무튼 하루하루 노력하지 않으면 아무것도 시작할 수 없다. 그렇게 매일매일 헤매면서 올바른 방향을 찾아 노력한다. 거기에 불교가 지향하는 삶의 태도가 있다.

불교는 빙글빙글 돌던 나의 인생에 '그래도 괜찮다'라고 도장을 꾹 찍어 주었다. 불교를 만난 덕분에 과거의 모든 경험을 '의미 있는 것'으로 돌이켜볼 수 있었다.

그렇다면 우리 마음에 진정한 평안을 가져다주는 불교적 수행이란 어떤 것인가. 이제부터 소개하겠다.

3
수행자가 모두 훌륭한 것은 아니다

_ 불교의 본질은 수행이다. 수행이란 하루하루 노력하는 것이다. 그 노력이 인격을 향상시킨다. 그렇다면 같은 일을 날마다 똑같이 반복하기만 하면 수행이 될까? 같은 일을 반복하는 것이 그대로 좋은 일일까? 수행이라고 하면 앉아 있거나 가르침을 받거나, 숲속을 거닐거나, 폭포 아래서 물을 맞는 모습을 떠올릴 테지만, 그런 일을 계속 반복한다고 인격이 높아질까?

예를 들면 칼에는 좋다 나쁘다는 구분이 없다. 물건을 자르기 위한 도구일 뿐이다. 어머니가 아픈 아들에게 사과를 먹이려고 껍질을 벗기는 데 사용한다면 '좋은 일에 사용한 칼'이다. 그러나 난폭한 자가 사람을 다치게 할 목적으로 칼을 사용한다면 '슬프게 사용한 칼'이다. 세계는 있는 그대로 존재할 뿐, 거기에 '좋다, 나쁘다'라는 구별은 없다. 구별하는 것은 우리 인간의 마음가짐이다.

수행처럼 스스로 정한 약속을 날마다 성실히 실천하기란 어렵다. 그러한 수행도 칼처럼 그 자체가 좋고 나쁘다고 구별할 수 없다. 수행은 수행이다. 다만 그뿐이다. 명상에 들 때마다 매일 사악한 마음으로 수행하면 사악한 수행이 된다.

실제로 수행하는 사람조차, 수행을 '엄격한 일상생활'이라고 생각하는 사람이 있다. 하지만 엄격함이 수행의 전부는 아니다. 수행을 '좋은 수행'으로 만들려면 반드시 지혜의 힘이 필요하다. 지혜란 자신의 마음을 있는 그대로 파악하여 그 마음을 보다 나은 방향으로 바꾸려는 정신력이다.

다른 이에게 상처주지 않는 수행을 생각하는 것도 지혜이며, 수행의 결과가 그 사람의 인간성을 좋게 만드는지 확인하는 것도 지혜의 힘이다. 한때 세상을 떠들썩하게 한 옴진리교의 '수행하리라. 수행하리라'라는 이상한 중얼거림은 신도를 지혜 없는 수행으로 끌어들여 파멸로 이끌었다.

'수행하는 사람은 그 자체로 훌륭하다'라는 선입견은 매우 위험하다. 올바른 수행을 실천하고 지혜의 힘을 갖춘 사람만이 훌륭하다. 특별한 수련을 하지 않고도 매일 지혜를 닦아 마음을 깨끗하고 평안하게 유지하는 사람도 똑같이 훌륭하다.

수행에는 반드시 지혜가 뒷받침되어야 한다. 육체와 정신, 몸과 마음의 양면을 잘 조절해야 부처님이 일러주신 참된 불도 수행을 완성할 수 있다.

4
명상만으로
마음을 바꿀 수는 없다

_ "불교 수행은 무엇을 하는 것입니까?"라는 질문을 자주 받는다. 불교는 2600년이라는 긴 역사 속에서 차츰 변해 왔고 수행하는 내용도 종파마다 각양각색 다르게 발전하여 왔다. 그 결과 불교의 수행은 무엇을 해도 수행이라고 생각하는 알 듯 말 듯한 이야기가 되어 버렸다.

그러나 그것은 이상한 말이다. 날마다 하는 청소나 빨래가 수행이 된다면, 가사에 쫓기는 가정주부가 가장 먼저 깨달음을 얻었을 것이다. 힘든 일을 참아내는 것이 수행이라면 회사에서 온갖 궂은 일을 견뎌내는 샐러리맨들은 다 성자라고 할 수 있다. 무엇이든 수행과 연결짓는다면 도리어 수행의 본질을 찾을 수 없게 된다.

불교에서는 '무엇을 하든 수행이 된다'고 하지 않는다. 수행이란 부처님의 체험을 바탕으로 하는 특정한 방법의 트레이닝만을 가리킨다.

그렇다면 불교 본래의 수행이란 어떤 성격인가. 한마디로 말하면 정신 집중이다. 흔히 명상이라고도 한다. 좌선하고 있는 스님의 모습을 떠올려도 좋다. 가만히 앉아 마음을 가다듬고 정신을 집중하여, 깨어 있으면서도 바깥의 자극에 흔들리지 않는 견고한 바탕에 자기를 내려놓는 상태이다.

하지만 단지 그것만으로 수행이 자연스럽게 이루어지지 않는다. 명상에 빠진 옴진리교 신도들이 무서운 살인집단이 된 것을 생각하면, 명상만으로 인간의 내면을 발전시키고 향상시킬 수 없다는 것을 알 수 있다. 명상은 어디까지나 도구일 뿐이라는 사실을 알아야 한다.

그 깨어 있는 정신 상태를 이용하여 무엇을 할 수 있을까. 바로 지혜의 힘을 일으켜야 한다. 불교의 목적은 '지혜'라는 특별히 강력한 힘을 써서 자신의 마음을 고쳐나가는 데 있다. 명상은 지혜의 힘을 만들기 위한 모태이자 토대이다. 명상으로 지혜를 만들고, 지혜로 자기 마음을 변화시키고 다듬어 나간다. 이것이 불교 수행의 근본 틀이다.

5
실패에 몰입하라

_ 약 2600년 전 부처님은 인도에서 불교를 만들었다. 한편 세계 최초의 페달식 자전거는 150년 전 프랑스에서 첫 선을 보였다. 당연한 말이지만 부처님은 자전거를 알지 못했다. 하지만 부처님이 자전거를 탈 수 있었다면, 분명 '명상 수행과 자전거는 닮았다'고 말씀하셨을 것이다.

사람은 누구나 처음부터 자전거를 잘 타지 못한다. 그래도 연습하면 탈 수 있다는 주위 사람들의 격려에 힘입어 타보기로 결심한다. 자전거를 타고 휙휙 달리는 사람들을 보면 나 또한 분명 자전거를 탈 수 있을 거라고 믿는다. 처음에는 뜻대로 되지 않는다. 양발에 번갈아 힘을 주며 페달을 밟는 원리를 머리로는 이해해도 몸의 운동 감각은 원만하게 움직여주지 않기 때문이다. 넘어지기도 하고 상처가 나서 울음을 터뜨리기도 한다. 바퀴 두 개에 의지한 채 넘어지지 않고 똑바로 달릴 수는 없다고 슬그머니 포기하고 싶은 마음도 일어난다.

그러나 넘어지고 흔들리면서 몇 번이고 같은 동작을 반복하는 사이, 어느덧 요령이 몸에 익는다. 두 발이 저절로 움직이며 '스윽~' 하고 미끄러져 달리는 순간이 찾아온다. 그러나 '아! 탔다'라고 생각하는 순간 또 넘어지고 만다. 그렇지만 저절로 달려나간 순간의 기억은 또렷하다. 그 설렘의 순간을 한 번 더 느껴보고자 한층 더 몰입해 연습한다. 그 다음 자전거 페달을 밟을 때는 좀 더 부드럽고 자연스럽다. 마침내 넘어지지 않고 한참 동안 잘 달릴 수 있게 된다. 달리고 싶으면 달리고, 멈추고 싶으면 멈출 수 있게 된다. 이런 과정을 밟으며 자전거라는 도구를 우리 몸의 일부처럼 만들어간다. 페달을 밟은 두 다리를 인지하지 못하면서도 자연스럽게 자전거를 움직이는 새로운 능력을 획득한 것이다.

수행자가 명상에 들어 정신을 집중하는 과정도 이와 비슷하다. '명상을 하겠다'는 생각에 빠져 몇 번의 실패를 거듭하면서 점차 요령을 터득해 간다. 어느 순간 마음이 보통 상태와 달리 극도로 집중된 순간을 체험한다. 그 다음에는 점차 그 상태를 늘려 결국 언제라도, 얼마든지 마음을 고요하게 집중하는 상태를 지속할 수 있게 된다.

이것은 1500년 전 고대 인도의 수행법을 기록한 《청정도론》에 나오는 내용이다.

다음에 자전거를 타면 능숙하게 똑바로 달리는 자신의 모습을 명상 수행하는 스님의 모습과 연상해서 보면 재미있을 것이다. 단, 주행 중에는 눈감지 않도록 주의할 것!

6
마음을 집중하는
계기를 만들어라

_ 불교 수행에서는 올바른 명상에 들어가는 것이 핵심이다. 어떻게 하면 올바른 명상을 할 수 있을까? 정해진 방법은 있을까?

오늘날 참선 도량에서 정신을 집중할 때 특별한 도구를 사용하지는 않는다. 오로지 앉아서 자연스럽게 마음이 고요해지기를 기다린다. 그것이 명상의 본모습이다. 부처님도 같은 모습이었을 것이다.

그런 방법으로 확실하게 정신을 집중할 수 있다면 그보다 더 좋은 방법은 없다. 그러나 우리 같은 평범한 사람은 그것조차 매우 어렵다. '정신 집중 기계'처럼 편리한 것이 있으면 좋겠지만, 사이비 종교 같은 거짓 기계에 손대면 자기도 모르게 세뇌洗腦를 당할 수밖에 없다.

곤혹스러운 마음에 다시 《청정도론》을 펼쳐 보니, 당시 실제 사용한 명상 도구가 분명히 실려 있다. 옛 인도 사람들도 우리처럼 여러 갈래에서 공부하며 효율적으로 수행하는 방법을 찾기 위해 고심했음을 알 수 있다. 그들이 찾은 방법 가운데 하나가 '흙으로 만든 원반'이다. 둥글게 만든 목곽 안쪽에 흙을 발라 표면을 매끄럽게 한 것이다. 눈을 반쯤 뜨고, 머릿속으로 오로지 '이것은 흙이다. 이것은 흙이다'라고 되뇌면서 원반을 관찰한다. 이윽고 눈을 감아도 원반의 모습이 자연스럽게 머릿속에 떠오른다.

그 다음 빈 방으로 돌아와 고요히 생각을 집중한다. 이번에는 원반 없이 '흙, 흙'이라고 마음속으로 말한다. 이 과정을 반복하다 보면, 구체적인 원반의 모습을 벗어나 '순수한 개념의 흙'으로 꽉 채워진다. 흙을 계기로 마음이 한곳으로 모아지는 것이다.

다음 이 과정을 반복하여 집중도를 더 높여 간다. 차츰 집중이 높아지면 비로소 자전거를 탈 때처럼, 훌쩍 단계가 높아지는 순간이 느껴진다. 명상의 1단계에 도달하는 순간이다. 중요한 것은 흙에 어떤 의미가 있는 것이 아니다. 무엇인가를 계기로 마음을 집중하는 것이 중요하다.

7
그렇더라도 매일 정진하겠다는 각오

_ 수행자들이 높은 단계의 정신 집중에 들어가기 위해서는 여러 가지 계기가 있다. 앞에서 소개한 흙으로 만든 원반이 대표적인 예다. 그 밖에도 흙에 발린 물, 청색이나 황색 염료로 물들인 원형, 벽에 뚫은 구멍을 지속적으로 바라보는 것으로 마음의 집중도를 높이기도 한다.

계기(매개체)가 꼭 물건이 아니어도 좋다. 천천히 호흡하고, 숨 고르는 모습에 의식을 집중하는 방법도 있다. 이는 선종의 좌선이나 요가 수련에서 자주 볼 수 있는 모습으로 우리에게 친숙하다. 코

끝에 온 신경을 집중하고, 들숨과 날숨의 움직임을 일심으로 머릿속에 그리는 것이다. 자신의 몸을 머리털에서 시작해서 손톱, 치아, 심장, 간, 쓸개, 혈액, 침 등 32가지 요소로 나누어 관찰하는 방법도 있다. 《청정도론》에는 이러한 다양한 수행법이 40가지나 소개되어 있다.

불교의 훌륭함을 하나하나 떠올려가며 지속적으로 의식을 집중하는 방법도 있다. 이것은 불교 수행법 가운데 하나인 '염불'과는 다른 것이다. 부처님이 도대체 왜 훌륭할까? 그 이유를 하나하나 머릿속으로 차근차근 생각하는 방법으로, 부처님이 명상을 위한 도구가 되는 것이다.

여기서 수행의 계기 자체는 아무런 의미가 없다. 정신 집중 상태에 들어가느냐 못 들어가느냐가 중요하다. 무엇을 통해 정신 집중을 했는지는 전혀 문제 되지 않는다. 흙으로 만든 원반을 통해서든, 자신의 장기를 통해서든, 그것이 단지 정신 집중에 효과적이라는 이유만으로 이용했을 뿐이다.

부처님조차 흙으로 만든 원반과 같은 도구일 뿐이다. 수행에 부처님을 이용한다고 조심스러워할 필요는 없다. 이것은 불교라는 종교의 특징을 단적으로 나타내는 것이다. '노력이야말로 전부다. 그렇기 때문에 노력을 가장 효과적으로 만들기 위해서는 뭐든 창의적인 방법을 도입해야 한다'라는 매우 합리적인 자세라고 할 수 있다.

이 점에서 나는 일생을 노력했는데도 성과가 있을지 없을지 모르는 명상을 향해, 그렇더라도 매일 정진해 가겠다고 하는 불교 수행자들의 굳은 각오를 느낀다. '한번 한다고 한 이상, 반드시 이루어 내고 말 테다'라는 각오야말로 불교의 원동력이다.

8
깊은 밤 숲속에서 시체와 단둘이

_ 인도에서는 전통적으로 사람이 죽으면 화장을 한다. 불에 태우는 화장 방식을 인도인은 가장 완전한 장례 방법으로 생각한다. 그러나 때로는 시신을 숲속에 던져버리기도 한다. 처형당한 죄인이나 장례에 쓸 나무를 사지 못한 가난한 사람의 시신이다.

버려진 시신은 방치된 채 썩고 부패해 벌레가 들끓는다. 짐승에게 뜯길 때도 있다. 옛날 수행자들은 눈을 가리고 싶을 정도로 끔찍한 그 모습이 수행에 도움이 된다고 생각했다. 일부러 숲속에 들어가 썩어가는 시신 앞에 무릎을 꿇고 앉아 눈을 감은 채 오로지 정신을 집중하여 바라보았다. 그 광경은 일상생활에서 체험할 수 없는 강력한 각성 효과를 발휘하여 정신을 집중하는 계기를 만들어 주었다.

시신 앞에 한참 앉아서 정신을 모으다 보면 어느덧 어두운 밤이 찾아온다. 깊은 밤, 숲속에는 부패한 시체와 수행자 단둘뿐이다. 상상만 해도 소름이 끼친다. 수행자는 어둠 속에서 밀려드는 공포와 필사적으로 싸우면서 그 자리를 떠나지 않고 시신을 똑바로 바라본다.

그렇게 시체의 모습을 머릿속에 새긴 뒤, 서둘러 집으로 돌아와 다시 생각을 집중한다. 시체의 모습을 생생하게 떠올려 정신 집중에 몰입하는 것이다. 이 수행은 시간이 지나면 시신이 부패하여 모습이 달라지므로 다시 하는 것은 불가능하다. 이는 목숨을 건 단 한번의 승부다.

요즘에는 이런 수행을 하는 사람이 없을지도 모르지만, 여기서 중요한 것은 기개다. 가족과 재산을 버리고 지위와 명예도 버리고 출가한 수행자가 오직 바라는 것은 깨달음을 향한 마음뿐이다. 그러기 위해서는 정신 집중이 필수다. 끔찍한 시신을 바라보는 것으로 정신 집중을 이루어 깨달음을 구할 수 있다면 무엇을 망설이겠는가! 그렇다면 뜻을 세워야 한다. 생명에 위협을 느끼더라도 그 방법을 행하는 것, 이것이 출가자의 기개다.

평생 쌓아올린 것을 모두 놓아버리고 수행의 길에 몸을 던진 이들이 내 주변에도 여럿 있다. 물질문명의 쾌락을 노래하는 시대에 일부러 모든 것을 떨쳐버리고 자신의 길을 걷는 수행자의 기개는 목숨을 걸고 시체와 마주한 고대 인도 수행자의 기개와 다르지 않다.

9
수행에는 훌륭한 스승이 필요하다

_ 앞에서 수행자가 정신을 집중하기 위해 여러 방법을 고안해왔다는 것을 소개했다. 그 수행법은 40종류에 이른다. 수행 방법이 다양한 까닭은 사람마다 개성이 다르므로 그에 맞는 수행법 또한 달라지기 때문이다.

흙으로 만든 원반을 바라보는 방법이라면 누구에게나 적합할 것이다. 원반처럼 굴곡 없는 부드러운 방법이기 때문이다. 하지만 시신을 바라보는 것처럼 과격하고 거친 방법은 화를 잘 내는 사람에게 적합하지 않다. 화를 잘 내는 사람이 시신을 통해 인체의 나약함이나 무상함을 목격하면, 지금까지 훌륭하다고 착각해온 자기 자신의 몸도 저렇듯 아무것도 아닌 시신에 불과하다는 생각에 빠져 더 큰 화를 유발해 정신을 집중할 수 없기 때문이다. 이 방법이 적합한 사람은 매사에 욕망이 강하고 집착이 많은 이들이다. 사람 몸의 역겨움을 실감하고 나면 이성에 대한 색욕도 사라져 들뜬 마음이 가라앉는다.

이처럼 수행은 말 한마디로 표현되지만 실제로는 개인의 적성에 맞는 방법이 각각 필요하다. 화를 잘 내는 사람, 욕망이 가득한 사람, 어리석은 사람 등 개인의 성격에 따라 수행법도 달라진다.

그래서 수행에는 훌륭한 스승이 필요하다. 스승은 제자의 복잡한 정신 상태를 정확하게 파악하고, 그에게 가장 잘 맞는 방법을 생각해내고, 단계별로 올바른 조언을 해준다. 그러한 유능한 지도자야말로 불교에서 무엇보다 중요한 존재다.

옛날에는 경이나 불상을 후세에 전하고, 오래된 사원건축물을 잘 보존하는 일, 불교의 심오한 철학을 밝혀내는 일이 중요했다. 그러나 이제 그것만으로는 살아 있는 불교를 존속시킬 수 없다. 이제는 올바른 수행 방법을 지도하기 위한 교육 시스템을 확고히 하고 계속해서 이어가는 일이 무엇보다 중요하다.

그래야 비로소 지금 이 세상에서 고통스러워하는 사람에게 새로운 인생을 개척할 수 있는 힘을 줄 수 있다. 많은 일본 젊은이들이 사이비 종교 옴진리교를 따랐다는 사실은, 수행을 위해 올바른 지도를 바라는 사람이 사회에 많다는 것을 보여준다. 수많은 사람이 종교인을 향해서 "나에게 올바른 수행법을 가르쳐 주십시오"라고 호소하고 있는 것이다. 불교계는 그런 사람들의 바람에 답해야 한다. 그것이 바로 불교가 존재하는 의의이다.

10
세속에 아첨하지도 휘둘리지도 말라

_ '수행' 하면 좌선하는 모습이 제일 먼저 떠오른다. 양 다리를 틀어 무릎 위까지 올려 가부좌하고, 허리를 쭉 펴서 세운 뒤 턱은 끌어당긴다. 눈은 반쯤 뜬 채 천천히 호흡을 조절한다. 이것으로 정신 집중 준비는 끝! 나머지는 오로지 앉아 있는 것밖에 없다.

그런데 고대 인도의 수행 지침에는 이처럼 자세한 신체 규정에 관한 내용은 많지 않다. "대충 그런 느낌으로 적당히 앉으면 됩니다"라고 말해 가끔은 맥이 빠질 정도다. 특별히 앉아 있지 않고 걷거나 누워도 결국 몸을 편안하게 하여 마음만 맑고 선명한 상태를 유지하면 된다는 것이다.

그보다 더 중요한 것은 수행할 수 있는 환경으로 말끔히 정돈하는 일이다. 벌을 치는 사람이 번다하게 오가는 계곡이라면 아무리 부처님이라 해도 고요히 앉아 있지 못할 것이다. 어떻게 하면 자기 자신을 고요하고 편안한 환경에 둘 것인가, 그 또한 수행자의 중요한 과제다. 이와 관련한 조언이 여러 가지 있다. 몇 가지만 언급해 보자.

(산만해지므로) 번잡한 장소에서 생활하지 않는다.
(마음이 교만해지므로) 신도들이 몰려와서 치켜 주고 비위를 맞춰주는 장소에 몸을 두지 않는다.
(보시에 보답한답시고, 사람들과 접촉하지 않으면 안 되므로) 공양물이 풍부하게 들어오는 곳에 살지 않는다.
(공사에만 신경이 쓰이므로) 한참 불사중인 사찰에 살지 않는다.

말은 이렇게 하지만 탁발로 하루하루 연명해가는 출가자가 인적 없는 곳에서 살아갈 수는 없다. 핵심은 신도의 보시를 받아 살아가더라도, 다만 그 보시에 휘둘리지 않고 조화롭게 수행에 힘쓰라는 것이다.

세속에 아첨하지 말라는 조언은 현대 불교계에 귀중한 훈계가 될 것이다. 그리고 조화를 중시하라는 조언은 일반 사회에서 생활하면서도 어떻게든 자기를 단련하려는 사람에게 마음가짐을 어떻게 해야 할지 그 규범을 보여준다.

심오한 철학도 좋지만 이렇게 현실적인 조언 또한 불교의 매력이다.

11
침실에서 스탠드를 켜고 명상하기

_ 오늘날 불교가 가장 유행하는 나라가 어디일까? 바로 미국이다. 대학에서 불교를 가르치는 케네스 다나카武藏野는 미국의 불교 인구가 적어도 300만 명 정도에 이른다고 말한다. 더구나 앞으로 점점 더 늘어가는 추세라고 한다. 일본처럼 집안 대대로 불교를 믿어 왔으므로 장례식만이라도 어떻게든 사찰의 도움을 받겠다는 식의 겉으로만 불교인 사람들이 아니다. 실제로 미국인 불자들은 고뇌하다가 스스로 '불교가 좋다'라고 판단하여 불교계에 들어온 경우가 많다.

그들은 최첨단 시대를 이끌어가는 미국에서 아주 다양한 가치관의 소용돌이에 빠져 있다. 기존 미국 사회의 중심이 되었던 일신교 세계에서 자신이 머물 곳을 찾을 수 없었던 사람들은 '신이 없는' 현대 세계에서 자신의 참모습을 찾기 위해 도대체 무엇을 어떻게 해야 할까 물으며 방황했다. 그 결과 초월자도 구세주도 없는 세상에서 있는 그대로 자신을 올바르게 바라보는 방법을 설하는 부처님의 가르침에 이르렀다.

이들 불교도들은 '무슨 종'이라는 특정 종파나 교단에 속해 있지 않다. 그런 인간 조직에 싫증이 나서 불교를 선택했기 때문이다. 그들은 훌륭한 지도자나 고승이 쓴 어록을 읽고, 이야기를 들으며 어느 정도 수행 방법을 익힌 뒤에 가정 생활을 하면서 수행에 들어간다. 자신의 인생을 충실하게 만들고 싶어서 선택한 불교이기 때문에, (수행의 길도) 개개인이 스스로 터득한 방법으로 걸어가는 것이다. 동료와 같이 뜻을 모으고 조직을 만들어 단체로 활동하려는 생각은 조금도 하지 않는다.

하루 일을 마치고 집으로 돌아가 저녁식사를 한 후, 한숨 돌리고 서재나 침실에서 나이트 스탠드를 희미하게 켜고 홀로 앉아 명상을 시작한다. 날마다 생활 속에서 수행하는 것이 자연스럽게 받아들여지고 있다. 이들이 바로 '나이트 스탠드 부디스트'다. 미국을 중심으로 세계로 확산하고 있는 새로운 불교도의 이름이다.

그들이 불러일으키는 충격의 파장이 불교의 새시대를 개척하고 있다. 오랜 전통을 지켜가지만, 도리어 그런 전통에 얽매여 답답한 권위주의 사회가 되어버린 일본 불교로서는 기쁘기도 하고 부럽기도 하다.

12

스스로 선택한 길은
자부심으로 고칠 수 있다

_ 미국 뉴멕시코 주, 붉은 대지를 가르는 깊은 골짜기 사이에 고즈넉한 불교수행센터가 자리해 있다. 언젠가 이곳에 강사로 초빙되어 간 적이 있다.

계곡 사이로 물이 흐르는 대지 위에 소박한 숙소와 수행처가 자리해 있고, 건물 사이 정원에는 꽤 넓은 인공 노천탕이 있다. 해가 저물어 사위가 어둑해진 가운데 잔잔한 바람을 느끼며 우두커니 서 있노라면 머릿속이 저릿저릿할 만큼 고요하고 한적한 곳이다.

내가 도착했을 때는 나를 따라온 하나조노花園대학 학생 말고도 미국인 승려가 약 10여 명, 뉴멕시코 대학의 학생 수십 명, 그리고 인근 지역 주민들이 많이 참석했다. 그들은 모두 센터에서 하룻밤 묵어 간다고 했다. 오랫동안 불교를 믿어온 베테랑 불자부터 다른 이의 권유로 재밌을 것 같아 한번 와봤다는 히피족 아가씨까지 다양한 사람들이 섞여 있었다. 여하튼 불교에서 생활의 의지처를 찾고 싶어 하는 이들이었다.

아침 5시 반부터 좌선을 하고 아침식사 후에는 불교 강의를 들었다. 강의는 내 담당이었다. 오후는 자유로운 시간으로 홀로 명상을 하거나 함께 모여 불교에 대해 이야기를 나누었다. 또 책을 읽고 공부하는 이들도 있었다. 식사는 조리담당 스님이 만들어 주는 미국판 사찰 음식이었다. 재료도 양념도 전혀 알 수 없고, 희한한 향신료의 향이 맴도는 붉고 노랗고 파랑색이 어우러진 채식요리다. 매우 맛있다고 할 정도는 아니지만 무척 색다른 맛에 즐겁기까지 했다. 이런 단순한 생활 패턴으로 안온하고 밀도 높은 시간이 며칠째 조용히 흘러갔다.

모인 사람 중에는 불교를 잘못 이해하고 있는 사람들이 몇몇 있었다. 하지만 그리 대수로운 문제는 아니었다. 주위 사람들이 등을 떠밀거나 세뇌 당해 그릇된 길에 들어온 게 아니기 때문에, 얼마든지 바른 길로 정정이 가능하다. 스스로 이해하고 선택한 길이기 때문에 설사 잘못되었다 해도 자부심을 가지고 고칠 수 있는 것이다. 전통의 굴레도, 조직의 강제성도 없이, 이렇게 자유로운 공기 속에서 불교는 천천히 사람들의 마음에 스며든다. 부처님 당시의 불교도 틀림없이 이와 비슷했을 것이다.

2600년 전 발생한 불교가 지금 또다시 서구 세계에서 새로운 씨앗을 퍼뜨리고 있다. 그것이 자라 정말 꽃을 피울 수 있을지 없을지 기대를 안고 지켜본다.

13
물질문명의 최전선에서 불교가 꽃피는 이유

_ '지금, 세계에서 가장 불교가 성행하는 나라가 미국이다'라는 칼럼이 신문에 실린 뒤 어떤 독자에게서 "그건 잘못된 생각이 아닐까요? 세계에서 불교가 가장 성행하는 나라는 태국 같은데요"라는 의견을 받았다. 독자의 말이 맞다.

태국이나 스리랑카 또는 대만이나 한국에서 이미 수많은 불교도가 전통 불교를 소중히 지키고 있다. 인구 비율로 따지면 기독교를 기반으로 하는 미국보다 이들 국가에서 불교가 훨씬 더 성행한다. 나의 부족한 설명이 그러한 오해를 불렀다.

전통 불교를 옛날 그대로 지켜가는 나라를 따지면 단연 태국이 세계 제일이다. 국민의 95% 이상이 불교도다. 다만 나는 '선택의 여지가 얼마든지 있는 나라에서 자기 삶의 길로서 개인적으로 불교를 선택하는 사람들이 많다'라는 의미에서 미국을 '지금, 세계에서 불교가 가장 성행하는 나라'라고 표현한 것이다.

세계에서 불교가 가장 성행하는 나라의 의미를 둘러싸고 생긴 착오는 '불교가 번영한다'라는 것의 본질을 생각하게 한다. 불교도의 숫자나 불교문화의 전파라는 측면에서 본다면 분명 동양의 많은 나라에 불교가 전파되어 있다. 일본 또한 훌륭한 불교국가다. 그러나 문제는 그러한 불교가 어느 정도 중요한 의미를 가지고 인생의 버팀목 역할을 하는가에 있다. 그런 의미에서 다시 생각하면 일본의 순위는 아주 낮아질 것이다. 태국처럼 확고한 불교 국가조차 현대에 와서 사람들의 의식이 크게 변하고 있다. 가치관이 다양해지면서 현상을 유지하는 것이 어려울지도 모른다.

그에 비해 기독교를 모체로 하는 물질문명의 선두에 있는 미국에서 부처님의 가르침을 따라 살아가는 불교도가 늘어간다는 점이 중요하다. 거기에는 전통이나 관습처럼 친숙한 요소를 뛰어넘어 불교의 진짜 매력에 빠진 사람들이 사는 세계가 있다.

나는 그곳에서 다시 한 번 아주 젊고 멋진 불교가 되살아날 거라는 가능성을 본다.

14
수학문제와 명상수행

_ 정신집중이나 명상이라고 하면 왠지 종교색이 짙은 느낌이 들어 싫어하는 사람이 많다. 그러나 명상에 대해 좀 더 열린 마음으로 다가서보자. 예를 들면 어려운 수학문제 때문에 악전고투惡戰苦鬪한 기억이 누구에게나 있을 것이다. 수학문제를 처음 마주할 때만 하더라도 좀처럼 종잡을 수 없어 어디서부터 손을 대야 좋을지 도무지 알 수 없다. 그래도 애써 이것저것 생각해보는 사이에 실마리가 잡힐 것 같은 느낌이 든다. 풀릴 것 같으면서도 풀리지 않는 속 타는 시간을 보내고 있노라면

어느 순간 그때까지 단편적으로 흩어져 있던 정보가 하나의 실로 이어져 답이 번쩍 떠오른다. '아!'라고 생각한 그 순간에는 이미 모두 이해한 상태다.

꼼짝하지 않고 생각하다 보면, 어느새 산만하던 마음이 가라앉고 점점 한 문제에 집중하게 된다. 최후의 최후가 되는 바로 그 순간, 한꺼번에 집중력이 폭발하면서 모든 궁금증이 풀린다. 수학문제에 직면한 모습이야말로 명상과 다름없다.

우리는 수학을 왜 배우는 것일까? 학교를 졸업한 지 수십 년이 지나서야 이유를 알 것 같다. 계산력이 일상생활에 필요하다든지, 논리적 사고를 기른다든지, 하는 것은 아무래도 좋다. 중요한 것은 수학문제를 풀 때의 느낌이다. 처음부터 눈앞에 있는데 마음이 헤매고 있기 때문에 무심코 지나쳐버린 진리를 보고 어느 순간 앗! 하고 알아차리는 바로 그 체험이다. 수학을 배우는 의미는 정신을 집중하여 스스로 진리를 발견하고, 그 기쁨을 온몸으로 느끼는 데 있다. 제힘으로 발견한 진리야말로 진정한 진리가 된다.

부처님은 '인간이 살아가는 세상은 어떻게 만들어졌을까?'라는 문제를 지속적으로 탐구한 명상가다. 수학문제를 풀지는 않았지만, 그와 똑같은 방법으로 인간의 마음에 관한 문제를 풀고 또 풀었다. 알고 나면 지극히 간단한 것에 불과하지만 여러 가지 편견 때문에 놓친 진리를 명상의 힘으로 찾아냈다.

부처님이 찾아낸 것은 '우리가 사는 세상은 모두 인과 법칙에 따라 움직인다'라는 소박한 진리다. 좀 더 자세히 얘기해 보자. 이 세상에는 초월적인 힘을 가진 절대자가 존재하지 않는다. 모든 것은 원인과 결과 사이에 성립한 법칙성으로 움직인다. 우리 자신의 육체나 마음도 법칙에 따라 존재한다.

그러니까 삶의 고통을 없애려고 외부의 어떤 절대자에게 아무리 기도하고 빌어도 소용이 없다. 세상의 법칙성을 올바로 알고 난 뒤 그것을 이용하여 자신의 마음을 단련하는 것, 그것이 고통을 없애는 유일한 길이다. 이것이 부처님의 대답이다. 그리고 실제로 마음을 단련하기 위한 방법을 고안하여 우리에게 가르쳐 주셨다.

부처님이나 수학자도 명상을 하여 진리를 알아낸다는 점에서는 같은 세계의 사람이다.

15
살아 있는 부처님께 햄버거를 올리다

_ 며칠 전 텔레비전에서 한 탤런트가 재미난 이야기를 했다.

"태국에 살아 있는 부처님처럼 존경받는 스님이 있다고 해서 취재차 만나러 갔습니다. 공양 중이라고 해서 얼마나 소박한 사찰 요리를 먹고 있을까 궁금해서 살짝 훔쳐보았는데, 햄버거와 셰이크를 먹고 있었습니다."

살아 있는 부처님이 햄버거를 먹고 있는 모습은 분명 재밌는 광경이다. 나도 돌연 웃어버리고 말았지만 곧이어 '방송을 본 사람들이 괜히 오해하지 않았으면 좋을 텐데……' 하는 걱정이 앞섰다.

출가한 스님들은 보통 사람들과 다르다. 그 가운데 하나가 일을 하지 않는 것이다. 보통 사람처럼 직업이나 그 밖에 모든 일을 그만두고, 인생의 모든 시간과 에너지를 수행이라는 단 하나의 목표를 위해 쓴다. 그것이 스님들의 삶이다.

일을 하지 않는다는 것은 곧 살아갈 방법이 없다는 것이다. 매일 앉아서 좌선에만 집중하다 보면 굶어 죽기 십상이다. 그래서 어쩔 수 없이 매일 아침 가까운 마을이나 길거리로 나가 사람들이 먹다 남긴 음식을 받아와 연명한다. 탁발을 하는 것이다. 사람들이 스님께 나누어주는 음식을 보시(한국에서는 '공양올린다'고 한다)라고 한다.

남긴 음식이기에 채소뿐만 아니라 고기나 생선도 들어 있다. 그러나 스님은 분에 넘치는 말과 행동을 할 수 있는 신분이 아니기에 공양 받은 음식은 무엇이든 먹어야 한다. 즉 스님들은 원래 고기나 생선을 먹어도 크게 상관이 없다. 그것은 처음 부처님이 정하신 불교의 본래 생활방식이다.

스님의 이런 모습이 이상하게 느껴지는 것은 '살아 있는 부처님이라고 할 만큼 세상에서 숭고하게 여기는 인물이 현대인이 흔히 먹는 햄버거를 입에 넣고 양볼이 미어지도록 우물거리는 불균형한 모습' 때문이다. 사찰요리밖에 먹지 않을 것 같은 살아 있는 부처님이 햄버거를 덥석 물고 있는 모습이 불편한 것이다.

그러나 그 모습을 보고 오해하는 우리가 더 잘못이다. 스님이란 본래 사람들이 먹고 남긴 음식, 즉 매우 소박한 음식으로 연명하는 존재다. 그래서 고기든 생선이든 다른 사람이 준 음식이라면 무엇이든 감사히 받아 먹는 겸허한 존재이다. 따라서 살아 있는 부처님은 전혀 잘못이 없다.

스님이 드신 것은 기껏해야 몇 천 원짜리 햄버거, 아마도 어떤 신도에게서 공양받았을 것이다. 스님은 마다않고 감사히 햄버거를 먹고 묵묵히 수행에 전념했을 것이다. 이 스님의 모습이야말로 출가자의 훌륭한 모습이다.

특별히 만든 고급 사찰요리는 되레 스님들에게 어울리지 않는다. 스님의 위대함은 '얼마나 진지하게 수행생활을 하고 있는가'로 결정된다. 수행도 공부도 하지 않고, 그저 멍청하게 아무것도 하지 않으면서 보시나 받는 그런 스님을 본다면, 이 살아 있는 부처님은 틀림없이 '저 사람은 뭐야'라며 큰소리로 비웃을 것이다.

16
신의 규칙보다 더 중요한 것이 있다

_ 종교는 먹는 것에 대한 터부taboo가 많다. 이런저런 국제학술대회에 참가하면 그러한 금기를 더러 실감할 때가 있다. 국제대회에는 이름에 걸맞게 세계 각지에서 다양한 종류의 종교인들이 모인다. 피가 덜 빠진 고기나 비늘 없는 생선을 금지하는 유대교도, 술과 돼지고기를 터부시하는 이슬람교도, 소고기를 절대로 먹지 않는 힌두교도 등 금기 대상이 제각각이다.

금기시하는 음식은 대부분 신과의 관계에서 결정된다. 이슬람교도가 돼지고기를 싫어하는 것은 알라신이 '돼지고기를 먹지 말라'고 했기 때문이다. 힌두교도가 소를 먹지 않는 것은 소가 신이라고 믿기 때문이다. 어떤 종교라도 '신이 싫어하니까'라는 이유가 들어 있다.

그렇다면 불교는 어떠한가. 초기 불교에서는 초월자의 존재를 인정하지 않는다. 즉 인간에게 신비로운 구원의 손길을 뻗는다든지, 벌을 준다든지 하는 존재는 어디에도 없다고 생각했다. (이 점은 지금의 일본 불교와 전혀 다르다.) 터부를 결정하는 초월자가 없기 때문에 먹을거리는 원칙적으로 자유로웠다. 무엇을 먹든지 간에 각자 맘대로, 혼내는 사람도 칭찬하는 사람도 존재하지 않았다. 육식도 상관없었다. 스님들은 육식을 하지 않는다고 생각하지만, 그것은 훨씬 나중에 생긴 관습이다. 불교는 본래 육식을 인정하는 종교였다.

물론 불교에도 금기하는 음식이 있다. 하지만 그것은 신이 먹지 말라고 했기 때문이 아니라 수행에 방해가 되기 때문에 먹지 않을 뿐이었다.

대표적인 음식으로 술이 있다. 술을 마시고 크게 취하면 정신이 흐트러진다. 술은 수행의 큰 적이다. 마늘 또한 냄새가 역하여 입 냄새 때문에 사람들과 관계가 나빠지고 그 결과 부처님의 소중한 가르침을 들을 기회조차 놓치게 되므로 삼갔다. 이렇듯 불교에는 수행의 방해 요인으로써 삼가한 음식이 대부분이다.

어떤 종교 관계자에게 "이 음식은 왜 먹으면 안 됩니까?"라고 물었는데, "신이 그렇게 정했으니까요"라는 대답을 듣게 되면, 나의 지성과 이성이 부정당한 기분에 빠진다. 그런 점에서 합리성을 기반으로 살아가는 불교 수행자의 생활에는 만인이 이해할 수 있는 단호함이 들어 있다. 질문을 하면 반드시 그에 따른 대답이 돌아온다. 불교를 '지혜의 종교'라고 부르는 이유가 여기 있다.

17
살생금지의 진짜 뜻

_ 나는 부처님을 너무나 좋아해서 그분의 가르침에 완전히 빠져 있다. 그러나 부처님의 가르침이 전부 다 옳다고 생각하지는 않는다.

'세상에 절대자, 초월자는 없다', '구원 없는 세상에서 인간은 계속 고통스러워한다', '고통에서 벗어나려면 수행을 통한 자기 향상밖에 없다' 이것이 불교의 기본이다. 초월자가 존재하지 않는다고 했으니 부처님 자신도 초월자는 아니다. 부처님은 우리 인생의 스승이기는 하지만, 그분 또한 어디까지나 육신을 가진 사람이다.

따라서 현대인의 입장에서 보면 이해할 수 없는 일도 간간이 말하고 있다. 그 대표적인 예가 살생금지다.

"살생하지 말라"고 부처님은 말씀하셨다. '살생하고 있다'라고 느끼는 감정이 우리의 정신을 악하게 만들어 고통을 자아내기 때문이라고 한다. 수행자는 일체 살생하지 않도록 가르침을 받고 따라야 했다. 부처님 당시에는 살생하지 않는 일이 가능하다고 생각했다. 눈에 보이는 생명체를 죽이지 않도록 조심하고 살면 된다고 여겼다.

하지만 지금은 어떠한가. 우리는 고대 인도인보다 훨씬 더 넓고 깊은 세상의 모습을 알아버렸다. 세상은 눈에 보이지 않는 미생물로 빈틈없이 덮여 있다. 비누로 손을 씻으면 몇 억마리 되는 미생물이 죽는다. 무나 인삼도 같은 DNA로 연결된 생명체이기 때문에, 땅에서 뽑는 순간 바로 살생이다. 과학의 발달은 인간이 살생하지 않고 살아갈 수 없다는 것을 명확히 밝혀주었다. 날마다 살생하며 살아가는 우리는 도저히 부처님이 바라신 대로 생활할 수 없게 되었다.

그렇다면 어떻게 할 것인가. 기본은 마음이 악에 물들지 않도록 정진하는 것뿐이다. 살생하지 않고 살아갈 수 없다면 그 부분은 그대로 받아들이자. 살아가기 위하여 살생하는 것은 어쩔 수 없다. 교육이나 문화를 지키기 위해 꼭 필요한 살생도 있다.

하지만 적어도 살생, 죽임 자체를 즐기는 행위는 멈춰야 한다. 다른 이의 고통을 보고 기쁨을 느끼는 일이라면, 그 사람의 마음은 틀림없이 악해지고 있기 때문이다.

먹지도 않을 물고기를 잠깐의 즐거움을 위해 낚는다거나, 나를 해치지 않는 동물을 재미삼아 죽이고 해하는 행동은 그쳐야 한다. 마음이 살생에 익숙해져 무뎌지는 것만큼은 무슨 일이 있어도 막아야 한다.

이것이 나의 결론이다. 전국의 낚시애호가, 사냥애호가에게는 미안하지만, 부처님이 가르치신 '살생을 하지 말라'는 생각을 현대에 맞도록 적용하는 것임은 분명하다.

18
고기를 먹지 않기 때문에 훌륭한 것이 아니다

_ 앞에서 불교는 살생을 싫어한다고 말했다. 한편 스님들은 육식을 해도 상관없다고도 했다. 부처님 당시의 불교에서는 육식과 살생을 전혀 다른 행위로 떼어놓고 생각했다. 이는 논리적으로 볼 때 전적으로 옳다. 고기를 먹는 행위가 곧 살생으로 이어지는 것은 아니다. 당시에는 신도들이 공양한 고기를 먹으면서, 산 생명을 죽이지 않도록 조심하며 생활하는 것이 아주 자연스러웠다. 오늘날 스리랑카 등지의 스님들은 지금도 이와 같은 생각으로 살아가고 있다.

그런데 어느 시기에 일부 불교도들이 고기를 먹지 않게 되었다. 인도 사회 전체가 '고기에 불결함이 들어 있다'고 생각하기 시작할 때였다. 인도에는 '카스트'라는 오래된 제도가 있다. 인간의 존재 가치를 출생의 신분만으로 순위를 매기는 나쁜 신분 제도다. '인간은 태어나면서부터 신분이 결정되어 있으며, 신분이 낮은 자일수록 더럽고 추하다. 그 더러움은 음식물 등을 통해 전염된다'는 것이 카스트 제도의 기본적인 생각이었다.

부처님이 열반에 드시고 수백 년이 지난 뒤, 카스트 제도가 더욱 강화될 즈음 인도에서 고기를 먹지 않는 습관이 정착되었다. 그 과정은 이렇다. '사람에게는 태어날 때부터 깨끗한 사람과 더러운 사람이 있다'라는 카스트 제도의 개념을 자연계에 적용하였다. 나아가 '음식은 원래부터 깨끗한 것과 더러운 것이 있다'는 생각에서 고기는 불결하고 채소는 깨끗하다고 여겼다. 여기에서 고기를 먹으면 더러움이 전염된다는 생각에 이르렀다.

나아가 '고기를 먹으면 더러움이 옮는다'는 생각이 불교에 영향을 미쳤고 불교의 채식주의를 만들어냈다. '채소 요리는 깨끗하다'라는 생각의 바탕에는 '냄새나는 요리는 더럽다'라는 생각이 깔려 있는 것이다.

내가 말하고 싶은 것은 이렇다. 고기를 먹지 않고 채식만 하면서 수행에 힘쓰는 사람은 분명 훌륭하다. 하지만 단지 고기를 먹지 않기 때문에 훌륭한 것이 아니다. 스스로 엄격하게 절제하는 마음가짐이 존경받을 만한 일이다. '맛에 대한 욕구를 다스려 약간의 양식만으로 몸을 지킨다' 그러한 수행자들의 음식이 진정한 사찰음식이다.

한편, 음식물에는 원래부터 깨끗한 것과 더러운 것이 있다고 생각하여 육식을 하지 않는 것이라면, 그는 이미 카스트 제도의 노예다. 차별의 늪에 발을 담그고 있다고 볼 수 있다. 사찰음식을 먹을 때에는 요리와 함께 이러한 배경의 이야기도 한 번쯤 떠올려 음미하면 좋겠다.

19
신통한 스님에게
인생을 맡겨야겠다고?

_ 불교에는 초능력이 자주 등장한다. 미래를 예측한다든지 사람의 마음을 읽는다든지, 전생을 본다든지 훌륭한 스님들은 다양한 신통력을 쓴다고 한다. 당연히 부처님도 초능력의 달인이라고 알려져 있다. 예를 들어 부처님은 불교에 대한 믿음이 없는 초심자들의 주의를 끌기 위해 종종 신통력을 쓰셨다고 전해진다. 공중에 몸을 띄워 불이나 물이 나오게 해서 주의를 끈 다음 법문을 시작하셨다는 것이다. 예전에 그런 신통력에 흥미를 느껴 여러 편의 논문을 썼더니, 학생들이 "선생님도

하늘을 날 수 있습니까?"라고 묻는 바람에 입을 다물었던 기억이 있다.

    석가모니는 어떤 면에서 보통사람과 다르지 않았을 것이다. 초능력 같은 것을 썼을 리도 만무하다. 그러나 석가모니라는 위대한 사람을 후대 사람들이 점점 치켜세워 어느 사이에 초인超人이 되었다. 칭찬받을 일은 아니지만 최첨단 과학 시대인 지금도 방송에서 아무렇지도 않게 초능력 프로그램을 내보내고 있고, 여전히 초능력을 좋아하는 사람들이 있으므로 그냥 눈감아주자.

    중요한 것은 초능력이 수행의 길에서는 단지 수행 과정의 하나일 뿐이라는 점이다. 명상의 힘으로 지혜를 만들어내고, 그로 인해 정신을 향상시키는 과정에서 초능력은 아무런 작용도 하지 않는다. 어느 정도 수행이 진척되면, '초능력 단계'를 경험하게 되는데 그 방향으로 나아가고 싶은 사람은 계속해도 좋지만, 그것을 뛰어넘어 깨달음을 향해 본래 가야 할 길을 그대로 가야 하는 것이다. 아마도 후대 사람들이 부처님이 만드신 합리적인 수행법 안에 일부러 초능력을 집어넣었을 것이다.

따라서 성실하게 수행하고 있는 보통 사람은 초능력과 아무런 관계가 없다. 그런 것에는 눈길도 주지 말고, 새로운 길을 똑바로 걸어가기만 하면 된다. 불교가 초능력을 토대로 성립된 종교가 아닌 것이 정말 다행이다. 절에 들어갔는데 허공을 휙휙 날아다니는 스님이 있거나, '전생 봐드릴까요?' 하며 이상한 느낌으로 다가오는 스님이 있다면 얼마나 등골이 오싹한 풍경인가.

'훌륭한 분이니까 틀림없이 특별한 능력이 있으실 거야'라고 말하는 정도라면, 존경하는 마음의 표현이니 귀여울 따름이다. 하지만 '초능력자라서 훌륭하다. 그러니 인생을 맡겨도 되겠다'라고 생각한다면 아주 잘못된 것이다. 우리가 정말 믿어야 할 것은 전생을 보거나 미래를 한눈에 볼 줄 아는 스님의 신탁이 아니라, 성실히 수행하며 살아가는 사람의 입에서 나오는 참다운 말이다.

20
인생을 바꾸고 싶다고 말하는 이들에게

_ 갓 태어난 아기는 그저 울기만 할 뿐 아무것도 할 수 없지만 어머니가 젖을 입가에 가까이 대면 꼭 물며 찰싹 달라붙는다. 부처님처럼 자상한 어머니든지, 악한 마음을 가진 냉혹한 어머니든지 아기는 상관하지 않는다.

힘없는 아기는 선이나 악, 좋고 나쁨의 구별 없이 오로지 어머니의 사랑을 믿고 몸을 맡긴다. 믿고 산다는 본능은 사람이 일생을 마치는 순간까지 계속될 것이다.

아기처럼 사람은 무엇이든지 믿는다. 신을 믿고 부처를 믿고,

친구를 믿고 지위를 믿고, 회사를 믿고 그리고 자신을 믿는다. 어딘가에 자신의 존재를 인정해주는 자상한 누군가가 있다고 생각하는 것이다. 이와 같은 생각은 삶을 나아지고 높아지게 하지만 타락에 빠뜨리기도 한다.

'불교를 믿는다'라는 것은 무엇인가. 그것은 단순히 '부처님의 가르침을 믿는다'는 것과는 다르다. 불교를 믿는다는 것은 '부처님이 설하신 길을 신뢰한다'는 것과 같다. 부처라는 사람이 발견한 깨달음을 향한 길을 신뢰하고 거기에 자신의 삶을 맡긴다. 그것이 '불교를 믿는다'는 본래 의미다.

사실 부처님이 완벽한 분이었는지 어떤지는 알 수 없다. 그가 제시한 길이 정말 깨달음으로 이어졌는지 어떤지도 확증은 없다. 그런데도 불구하고 '이 길이다'라고 정하여 그 길로 나아간다. 석가모니라고 하는 지도자를 신뢰하고, 그의 말에 따라 자기 개선의 길을 걷기 시작하는 것이다. 불교를 믿는 사람은 반드시 삶의 태도가 바뀐다. 불교는 자기 삶의 태도를 바꾸고 싶어 하는 사람들을 위해 탄생한 종교다.

인간으로 태어나 무언가를 믿으며 살아간다면 마음속 깊이 이해할 수 있는 것을 믿고 싶다. 초능력은 별로 느낌이 좋지 않고 절대자의 존재를 진심으로 믿을 만큼 순박하지도 않다. 그런 나에게는 석가모니라는 한 인간이 설한 '정직한 시선으로 세계를 바라보기 위한 합리적인 길'이 가장 믿음직스럽다.

제아무리 순수한 아기라고 해도 50년만 지나면 매달릴만한 상대 정도는 스스로 고를 수 있는 지혜가 생기는 법이다.

21
나에게
유리한 것이야말로 함정이다

_ 혼히 인간은 어리석은 동물이라고 한다. 당연한 말이다. 생각해보라. 인간은 자신에게 유리한 것이라면 스펀지처럼 무조건 받아들이지 않는가. 거기에 인간이 가진 어리석음의 근원이 있다.

예전에 어느 '명문대학' '명예교수'의 강의를 들으러 간 적이 있다. 그는 농업경제학의 권위자였다. 강의 주제는 뇌에 관한 것이었다. 사람의 뇌에는 우뇌와 좌뇌가 있으며 양쪽이 각각 따로 활동한다고 한다. 이것은 옳은 얘기다. 그런데 문제는 그 다음이었다.

세계 민족 중에 우뇌와 좌뇌가 이어져 있는 것은 일본인뿐이란다. 그래서 일본인에게는 다른 민족에게 없는 사고력이나 인식력이 뛰어나다는 것이다. 그런 바보 같은 얘기가 어디 있는가!

이야기는 더욱 염려스럽게 흘러갔다. 특별한 능력을 가진 일본 민족이 세계의 리더로 군림하는 것은 당연한 일이며, 일본이 21세기 세계의 정점에 서는 것은 우주법칙으로 이미 결정되어 있다는 것이다. 교수는 거기서 그치지 않고 이것을 상대성이론이나 양자역학으로 증명할 수 있다고 했다. 교수가 주장한 핵심은 과학을 빙자한 세계정복론이었다.

많은 청중이 놀랐다. 학생들도 모두 머리를 갸웃거렸다. 그런데 청중 가운데 나이가 지긋한 노인이 교수의 말을 그대로 믿고서는 "그렇군요. 잘 알았습니다. 정말 좋은 얘기였습니다"라고 감사해하는 것이었다. 그 순간 "일본인이 세상에서 가장 훌륭한 민족이다"라며 사람들을 세뇌시키는 말이 얼마나 무서운지 오싹했다.

노인이 교수의 말을 믿은 것은 자기가 들어 기분이 좋았기 때문이다. 자기만족의 욕구가 합리성을 무너뜨린 것이다. 불교에서는 이와 같은 자기 본위의 망념을 바탕으로 하는 근원적 어리석음을 무명無明이라고 말한다. "무명을 버리고 합리적인 세계를 보라"고 부처님은 말씀하셨으며 그 방법까지 제시해 주셨다. 바로 수행으로 지혜를 획득하는 길이다.

노인처럼 극단적인 망언을 믿는 사람은 많지 않겠지만 우리는 일상에서 매사 자기에게 유리한 쪽으로 해석하고, 잘못된 선택을 반복하며 살아가고 있다. 불교의 지혜는 이 어리석은 선택을 멈추기 위한 특효약이다.

명예교수의 쓸모없는 이야기를 믿어버릴 정도로 무거운 '무명병無明病'에 걸린 사람일지라도 부처님의 가르침을 달여 먹으면, '명예'라는 것에도 '교수'라는 것에도 매혹되지 않는 정직한 인간이 될 것이라고 책임지고 보증한다.

22
사찰은 언제나, 누구에게나 열려 있어야 한다

_ 나는 바닷가에 자리한 절에서 태어나고 자랐다. 시골이라서 어느 곳이든 자유롭게 돌아다니며 놀았다. 바다와 산, 강과 숲에서도 놀 곳은 얼마든지 있었다. 하지만 가장 재미있는 곳은 내가 사는 절이었다.

넓은 법당에서는 스모나 프로레슬링을 하며 뒹굴었고 마루 밑을 기어 들어가 닌자놀이를 했다. 뒤뜰 창고에는 비밀기지를 만들어 놓고 묘지까지 뛰어갔다 오는 담력시험 놀이를 하기도 했다. 절 안의 신비스러운 이차원異次元적 공간은 아이들이 푹 빠질 만큼 매력적이었다. 더욱이 온종일 절 안을 샅샅이 돌아다니며 놀아도 아무도 화내는 사람이 없었다. 아이란 으레 절에서 노는 것이라고 어른들은 생각했던 것 같다.

'절은 언제라도 열려 있으며 누구라도 자유롭게 출입한다' 이것은 지극히 당연한 말이다. 아이가 수업이 끝나고 학교에서 돌아와 놀든지, 일찍 일어나는 노인이 새벽부터 찾아오든지, 남편한테 얻어맞은 아내가 울면서 야밤에 도망쳐 오든지 관계없다. 아무래도 좋다.

부처님 당시에 독신 수행자가 모여 엄격한 수행의 나날을 보내던 때와 비교하면, 법당 옆에 주거지를 두고 스님이 가족과 함께 생활하는 현대 일본 절의 모습은 상당히 달라졌지만, 사원의 개방성만큼은 조금도 변하지 않았다. 이러한 개방성이야말로 아주 바람직하다.

고대 인도의 불교 수행자는 오로지 수행에만 몰두했다. 주위의 일반인들은 한결같은 스님의 모습에 감격하여 '이런 분이라면 보시를 드려야 한다'라고 생각하여 음식과 일용품을 선물했다. 수행에 매진하는 스님의 고결한 모습이 사람의 마음을 끌어당긴 것이다. 여기에서 스님과 신도를 묶는 유대감이 발생한다. 수행자는 그러한 신도들과의 유대 관계를 지키기 위해서라도 자신의 생활을 모두 공개하지 않으면 안 되었다. 그것이 다시 믿음으로 이어졌다.

그런 의미에서 수행 장소인 사찰은 누구에게나 열려 있었다. 도둑을 막기 위해 한밤에는 문을 닫기도 했지만, 신도들이 찾아오면 언제라도 문을 열어 들어오게 했다. 절에 큰 행사가 있는 날은 많은 신도들이 경내에 모여 어둠을 밝혀가며 법문을 들었다.

누구에게나 사찰은 완전한 공공장소였다. 사찰에 살고 있는 스님들은 자기 생활의 일부와 수행 생활을 모두에게 보여주는 것을 당연하게 또 중요하게 생각했다. 지금 일본에 있는 사찰은 대부분 일반인에게 내부를 공개하고 있다. 개방성이 높다는 것은 착실하다는 뜻이다. 만약 사찰을 일반인에게 공개하지 않거나 여러 정보를 감추려 드는 사찰이라면 조심해야 한다. 혹 그런 사찰이라면 뒤꼍의 굴뚝에서 독가스가 새어나올지도 모를 일이다.

23
스님의 집세는 얼마일까?

_ '불교'하면 누구나 사찰을 먼저 떠올린다. 그 다음 스님을 생각한다. 그런데 스님들은 원래 일을 해서는 안 된다. 그럼 절은 도대체 어떻게 세우는 것일까? 절을 짓는 건설비는 어디서 나올까? 답은 '사람들에게 받는다'이다. 탁발해서 공양 받는 것과 같다. 다만 남은 음식을 나누어 주는 것과 다르게 절을 짓는 것은 매우 큰 일이다. 간단히 생각하고 이루어질 일이 아니다.

예를 들면, 열심히 수행하는 스님 몇 분이 아직 불교가 전래되지 않은 변방으로 포교하러 간다고 하자. 그곳에는 절도 없고 변변히 잠을 청할 숙소도 없다. 스님들은 처음에 커다란 나무 아래에서 잠을 잤다. 노숙이다. 거리 노숙도 스님들에게는 훌륭한 생활 방법이다. '살 만한 집이 있으면 살아도 좋지만 없는 경우에는 노숙하라'는 것이 불교의 기본적인 가르침이다.

스님들은 노숙을 하고 탁발하여 얻은 얼마 안 되는 공양으로 배고픔을 면하며 계속 수행에 정진한다. 얼마 지나면 "저희 집에서 머무시지요"라고 말해주는 사람이 생길지도 모른다. 그런 사람이 나타나지 않으면 노숙은 계속된다. 그런 고된 여건 속에서도 스님이 한결같이 수행에 힘쓰고, 기회가 닿는 대로 불교의 가르침을 설하다 보면 점차 그 지역 사람들에게 존경을 받기에 이른다.

"거 있잖아, 더러운 옷 입고 머리 빡빡 깎은 이상한 사람들, 생각보다 나쁘지 않더군. 꽤 착실한 수행자 같아."

소문이 돌기 시작한다. 이어 '비바람이 불어 큰일인데 스님들 기거하시도록 작은 집이라도 하나 세워 드릴까'라고 생각하는 사람들이 나타난다. 바로 여기에서 '절'이라는 것이 출현하게 된다.

불교가 세상에 전파되기 시작했을 때의 상황은 대부분 이런 모습이었다. '절'은 스님들이 있는 힘을 다해 성실히 수행하고 살아가는 데 담보물로써 일반 사회가 제공해준 거처인 셈이다.

이 생각은 지금도 변함 없는 사실이다. 일본의 사찰에는 고정자산세가 들지 않는다. 사찰이 모두의 뜻을 모아 만든 공공물이기 때문이다. 수행자들이 그곳에 살아주는 것만으로도 감사한 일이다. 사찰은 일종의 사택社宅이다. 불도 수행이라고 하는 업무를 빈틈없이 잘 처리하고 있는 스님에게만 주어지는 특전이다. 그리고 그 집세는 '성실함'이다. 스님들! 부디 집세가 연체되지 않도록 조심하세요.

24
고통을 끊어낸 자리에 평화가 있다

_ 불교에서는 '인간은 윤회한다'라고 한다. '윤회'는 특별한 사고다. 잠깐 설명하기로 하자. 이 세상은 신의 세계부터 지옥에 이르기까지 몇 단계로 나뉜다. 우리는 그 가운데 '인간'이라고 부르는 단계에 태어났다. 개나 고양이의 단계는 '축생'이다. 위에서부터 전부 나열해 보면 천상, 인간, 축생, 아귀, 지옥(아수라를 더하는 경우도 있다.)으로 이어진다. 아래로 내려갈수록 점점 고통스럽다.

윤회란 수레바퀴처럼 빙글빙글 돈다는 의미다. 따라서 생명이 있는 우리는 다섯 가지 영역에서 빙글빙글 여러 형태로 모습을 바꾸어간다. 지금 나는 사람이지만 이 삶이 끝나면 다시 무엇으로 태어날지 알 수 없다. '천신으로 태어나면 좋겠다'라고 생각하지만 짚신벌레가 될 수도 있다. 천신으로 태어나도 안심할 수 없다. 천신에게도 분명 수명이 있기에 죽고 나면 또 다른 존재로 살아가야 한다. 이렇게 윤회의 수레바퀴는 끝없이 돌아간다.

나는 끝없는 과거부터 윤회하고 있다. 이대로 내버려두면 무한정 윤회한다. 다음 생에 어떤 모습으로, 어느 곳에 태어나느냐는 그때까지 살아온 과거 행위에 따라 결정된다. 그 메커니즘은 보통 사람들이 이해하기 어려워 어디에 태어날지는 누구도 알 수 없다.

가장 묘한 것은 다시 태어나면, 과거 생의 기억은 남지 않는다는 것이다. 자신이 전생에 어떤 모습이었는지 전혀 알지 못하고 다음 생에 다시 태어난다 해도 지금의 자신을 잊어버린다. 계속되는 것 같기도 하고 끊어지는 것 같기도 한, 그렇게 애매한 연속성으로 생명의 흐름을 생각하는 것이 바로 윤회다.

그런데 이것은 부처님이 생각한 것이 아니다. 당시 수많은 인도인들이 받아들인 일반적 세계관이다. 물론 부처님도 인정하셨을 것이다. 부처님은 윤회의 세계관이란 틀 속에 자신의 독자적 합리성을 도입했다. 일반적으로 윤회를 믿는 사람은 어떻게 해서든 다음 생에는 더 좋은 곳에 태어나기를 바란다. 결국 윤회란 지금보다 더 행복하게 될 가능성을 담은 '바람직한 기능'이다.

하지만 부처님의 생각은 달랐다. 불확실한 연속성 속에서 죽으면 새로 태어나고, 죽으면 또다시 태어나면서 무한 반복되는 것이 우리의 참다운 행복일 리가 없다고 생각했다. 부처님은 생각했다. 살아간다는 것은 본질적으로 '고통'이다. 태어나는 것은 곧 나이를 먹으면서 죽음을 향하는 것이다. 그와 같은 고통을 말끔히 끊어버린 자리에 참된 평안이 있다. '나는 다시는 윤회하지 않는다. 이것으로 내 고통의 연속은 끝이다'라는 확신이 평안을 안겨준다고 생각했다. 그리고 윤회의 끝을 확신하기 위한 방법을 수행이라는 형태로 설하셨다.

나도 불교도이지만 윤회의 실재성에 대해서는 확신하지 않는다. 즉 '이제는 윤회하지 않는다'라는 믿음이야말로 참된 평안을 안겨준다는 부처님의 정신은 존경스럽지만, '천신'이나 '지옥 중생'이 실재한다고 생각하는 당시 인도인의 세계관을 통째로 받아들이지 않겠다는 것이다.

윤회 이야기는 다음 장에서 더 이어가 보자.

25
똑바로 보면 무섭지 않다

_ 사람은 평생 얼마나 많은 사람을 만날까? 길에서 스쳐지나가는 사람부터 인생을 함께 걸어가는 사람까지 만남의 깊이도 다양하다. 하지만 거기에는 반드시 어떤 연결고리가 있다. 좋은 사람을 만나면 '전생에도 어딘가에서 만난 적이 있는 것은 아닐까' 라는 느낌이 든다. 눈에 보이지 않는 이러한 연결 고리를 '인연' 이라고 한다. 인연은 과학적인 이론은 아니지만 개인적으로 내가 실감하는 부분이기도 하다.

그런데 '전생이 있을 것 같은' 감각을 윤회라는 구체적인 세계상世界像에까지 넓히는 순간 불편해진다. 하늘을 나는 천신이라든지, 피가 낭자한 지옥으로 떨어진 망자들이 어딘가에 있다는 것을 사실로 받아들이기는 어렵다. 윤회의 세계는 인간이 머릿속에서 만든 이미지다. 윤회를 믿는 것은 분명 그 세계가 이 세상 어딘가에 실재 존재한다고 마음 깊이 믿는 것을 말한다.

가공의 세계를 그저 감사하는 마음으로 받아들여야 한다면, 불교에서 벗어나는 편이 낫다. 자기가 실감하고 이해할 수 있는 세계와 억지로 믿게 하는 가공의 세계, 이 두 세계는 전혀 다르지만 경계선은 모호하다. 사람은 자기도 모르는 사이에 경계선을 넘어 가공의 세계에 발을 들여놓는다.

부처님은 '윤회는 있다'라고 생각하는 고대 인도에서 합리적으로 사는 방법을 고안해냈다. 그러므로 그의 가르침에는 윤회에 대한 생각이 들어가 있다. 지금 불교를 말하면서 억지로 윤회를 강요한다면 '분명히 지옥에 떨어질 거야' 혹은 '지금의 불행은 과거의 과보야'라는 협박에 가까운 공포심으로 설득하는 수밖에 없다. 그것은 불행의 씨앗이다.

그렇다면 부처님의 가르침 속에서 윤회를 제외하면 무엇이 남을까? 남는 것은 '정진해서 정신을 집중하고, 그 힘으로 지혜를 얻으면 반드시 이 세계를 올바로 이해할 수 있다. 세계를 올바로 볼 수만 있다면, 이기적 망념에서 생기는 심적 고통을 없앨 수 있다'라는 가르침이다.

이 가르침을 아는 것이 석가모니의 진정한 발견이다. 그리고 그것이야말로 불교가 현대 사회에 전달할 수 있는 보편적 진리다.

2

고통이 내 인생을 별 볼 일 없게 만들도록 두지 마라

최후의 최후, 괴로움에 시달리며 '아프다, 괴롭다, 도와줘'라고 외치는 모습은 앞으로 일어날 나의 미래일지도 모른다. 설령 그렇다 해도 내 인생이 별 볼 일 없는 인생이 되는 것은 아니다. 인생의 의미는 자기 삶의 태도를 올바로 결정해 가는 데 있다.

26
불교에만 있는 가르침을 배워라

_ 누군가 '이 세상에서 가장 소중한 것이 무엇인가?'라고 묻는다면, 나는 '내 아이'라고 대답할 것이다. 아이를 가진 부모의 심정이 어떤지는 실제 내 아이를 품에 안아 보고서야 비로소 알았다. 자기 목숨과 바꾸어도 조금도 아깝지 않을 존재가 있다는 사실은 나를 정말 깜짝 놀라게 했다.

'이 세상에서 가장 고마운 사람이 누구인가?'라고 묻는다면, 나는 '부모님'이라고 대답할 것이다. 수년 전에 돌아가신 아버지는 좋아하는 것만 하며 제멋대로 살아온 나를 언제나 환하게 웃으며 격려해 주셨다. 하지만 훗날 아버지가 나 때문에 보이지 않는 곳에서 눈물을 흘리셨다는 이야기를 어머니에게 듣고 무척 괴로웠다. 내가 내 아이들을 무엇보다 소중하다고 생각하는 것처럼 내 어머니 또한 나를 그렇게 소중하게 대해 주셨다. 부모의 심정을 이해할 수 있기 때문에 두 분에 대한 감사의 마음은 영원할 것이다.

부모님께 감사하면, 부모의 부모 또 그 부모의 부모님께도 감사하는 마음이 생긴다. 만난 적은 없지만 오랜 세월을 사이에 두고 따듯한 애정이 어렴풋이 전해져온다. '조상님들을 소중하게'라고 딱딱한 표어처럼 말해 버리면 고마움이 싱거워질지도 모르지만, 지금 나를 지탱해주는 조상의 마음을 나는 늘 실감하고 있다. 나를 지켜주는 불가사의한 존재는 분명히 있다.

하지만 나는 그것이 '불교의 가르침'이라고 생각하지 않는다. 불교든지 불교가 아니든지 부모님께 감사하고 조상을 공경하며, 아이들을 소중히 여기는 것은 인간이라면 당연하다. 당연한 애기를 꺼내면서 더욱이 "불교다. 불교가 아니다"라고 말하는 것은 이치에 맞지 않는다. 인간이 꼭 지켜야 할 정도의 이런 가치라면 꼭 불교가 아니어도 괜찮지 않은가?

불교에는 불교밖에 없는 특별한 가르침이 있다. 내가 말하고 싶은 것은 '당연한 불교' 속 깊은 곳에 있는, 그야말로 부처님이 이 세상에서 처음으로 발견한 특별한 진리로서의 불교이다.

사람이란 존재는 무엇인가 커다란 힘에 의해 지켜질 수도 있고 그렇지 않을 수도 있다. 그러나 어느 쪽이 되더라도 하루하루 살아가는 것은 자기 자신이다. 이런 생각 없이 어떻게 긴 인생을 성실하게 버티며 살아갈 수 있겠는가. 성실한 삶을 위한 특별한 안내자가 바로 부처님의 가르침이다.

27
'내일의 운세'쯤은 봐도 좋다

_ 초등학교 시절 학교와 집을 오가는 지름길은 논둑길이었지만 일부러 멀리 돌아 딴 짓을 실컷 하고 집으로 돌아오곤 했다. 그 재미가 쏠쏠했다. 과자가게에서 싸구려 감자깡이나 울긋불긋한 불량과자를 사 먹으며 숲속이나 강둑을 빈둥빈둥 몇 시간이나 돌아다녔다. 느지막이 집에 도착한 나는 입가에 묻은 불량식품 색소를 부모님께 들키지 않으려고 고개를 푹 숙이고 얼른 집안으로 뛰어 들어갔다. 어린 날의 이런 기억이 나의 인격 형성에 아주 좋은 영향을 주지는 않았겠지만, 언제까지

나 사라지지 않는 추억은 팍팍한 현실 생활에 희미하지만 온화한 빛을 비춰 준다.

세상에는 수많은 미신과 신비주의가 넘쳐나고 있다. 이는 부처님의 가르침과는 전혀 관계없는 다른 차원의 현상이다. 한편으로는 어느 정도 삶의 윤활유 역할을 하기도 한다. '혈액형으로 보는 점' 같은 것 따위는 정말 믿지 않지만, 아침방송에서 흘러나오는 혈액형별 하루 운세를 듣노라면 문득 'AB형 최고, 오늘은 좋은 일이 있을지도 몰라'라고 좋아하기도 한다. 이런 '재미'라도 없으면 삶은 답답해질 것이다.

만약 '학생의 본분은 학교에서 열심히 공부하는 것이다'라는 생각을 정직하게 받아들인다면, 딴전 피우는 일은 당치도 않다. 그런데 딴전 피우지 않고 오로지 공부에만 매달리는 아이들의 마음은 대부분 윤기가 줄어들기 마련이다. 이를 부처님도 알고 계셨는지 "불교의 본질과 관계없는 것이라면 미신이라도 어느 정도 용인하겠다"라고 제자들에게 말씀하셨다.

문제는 미신의 경계와 한도이다. 딴짓이 재미있기는 하지만 그건 어디까지나 딴짓일 뿐이다. 학교에도 가지 않고 처음부터 딴 짓 하고 놀기만 한다면 그냥 웃어넘기는 것으로 그치지 않는다. '본분'과 '놀이'를 분명히 구분해서 생각하는 것이 중요하다.

우리는 살아가면서 여러 가지 일을 결정짓지 않으면 안 된다. 그때 가장 중요한 것은 '가장 도리에 맞는 일을 선택한다'라는 생각이다. 그 길을 선택하기 위한 힘은 '놀이'만으로는 몸에 붙지 않는다. 스스로 지혜를 갈고 닦는, 본분에 따른 훈련이 꼭 필요하게 된다. 지혜의 힘에 의해 합리적으로 살아가면서도 '내일의 운세'를 보고 기분이 조금 좋아지는 것, 그것이야말로 가장 불교적인 삶의 태도일지도 모른다.

"부처님도 어느 정도의 미신이라면 용인하셨다"라고 말했는데, 그 예 중에 재미있는 이야기가 있으니 다음 장에서 한두 가지 소개하겠다.

28
부처님도 가끔 딴짓을 한다

_ 옛날 사람들은 호흡하는 숨 속에 생명이 깃들어 있다고 생각했다. '숨을 거둔다'는 표현만 보더라도 알 수 있다. 그런데 재채기는 숨이 크게 흐트러지는 현상 때문에 불길한 것이라고 싫어하는 이들이 있다. 고대 인도에서는 이런 사람들이 더욱 많았다. 누군가 재채기를 하면 주위 사람들이 반드시 "부디 오래 살기를!"이라고 하며 액 쫓는 말을 하는 관습이 있었다. 그 말을 들은 사람 또한 "여러분들도 오래 사십시오"라고 답례하는 것이 예의였다. 물론 이것은 미신이다.

어느 날 부처님께서 제자들에게 설법을 하는 중에 갑자기 재채기를 하셨다(부처님도 인간이다). 그러자 제자들이 너도나도 "부디 오래 살기를" "부디 오래 살기를" 하고 말하는 바람에 시끄러워서 설법을 계속 이어갈 수가 없었다. 화가 난 부처님께서 한마디 하셨다. "그런 미신을 믿어서 어쩔 것인가. 지금부터는 재채기를 하더라도 아무 말 하지 마라." 그 뒤 제자들은 누군가 재채기를 해도 모르는 척하며 무시하게 되었다.

그러던 어느 날 제자 중 한 사람이 재가자들 앞에서 설법하다가 재채기를 하고 말았다. 아무것도 모르는 신도들은 버릇처럼 누구나 할 것 없이 "부디 오래 살기를" 하고 읊었다. 하지만 스님은 부처님의 말씀을 지키느라 어떤 말도 하지 않았다. 예의상 해야 할 답례를 하지 않은 것이다. 재가자들은 화가 났다. "석가의 제자들은 예의를 모르는 자들이다. 너희 같은 무리와는 더 이상 상대하지 않겠다"라며 씩씩거렸다.

이 사실을 전해들은 부처님은 "미신이라고 해도 신도들과의 관계를 원만히 하기 위해서라면, 그에 따르는 것을 허락하겠다. 앞으로는 재채기를 했을 때에는 꼭 답례를 하도록 하라"고 말씀하셨다고 한다.

결국 불교의 본의本義와 관계없는 하찮은 미신이라면, 사회의 원활한 역할을 위해 인정한다는 것이다. 본분사만 잘 해나가고 있다면 다소 딴짓하는 것쯤이야 괜찮다고 부처님께서도 생각하고 계신 것이다.

29
단지 명상을 한다고
훌륭한 수행자는 아니다

_ 대부분 종교에는 이상으로 하는 인물상이 있다. 그리스도교나 이슬람교라면 신의 존재를 확신하고, 신의 말씀에 등 돌리지 않도록 자신을 제어하며 금욕적으로 사는 사람이다. 일본의 신도神道라면 삼라만상의 신들을 마음속으로 느끼며 경외심을 갖고, 그 신들과 함께 살아가는 사람을 이상으로 삼는다.

부처님의 가르침을 믿고 수행하는 사람은 어떤 모습이 이상적일까. 자신의 삶을 향상시키기 위해 매일 수행하는 수행자는 틀림없이 훌륭한 사람이 될 것이다. 그러나 여기서 한마디로 '훌륭한 사람'이라고 말하지만, '훌륭한'이라는 말의 뜻은 천차만별이다. 아인슈타인처럼 머리가 좋은 사람, 처칠처럼 통솔력이 있는 사람, 마더 테레사 수녀처럼 자비심이 넘치는 사람, 고흐처럼 감동을 주는 창의력을 가진 사람…… 모두 훌륭한 사람이다.

스님이 단지 명상을 했다는 것만으로 훌륭하다고 말할 수는 없다. 불교가 이상으로 삼는 훌륭한 사람이란 자기 본연의 모습을 정확히 파악하고, 잡념에 흔들리지 않는 확고한 자기 자신을 확립한 사람을 가리킨다. 간단히 말하면 도리를 알고 뭔가에 동요되지 않는 사람이다.

그렇다면 어떻게 불교적 이상형의 모습에 가까워질 수 있을까. 부처님은 "한 걸음씩이라도 스스로 힘으로 나아가라"고 말씀하셨다. 부처님의 가르침을 기본으로 스스로 자신을 바꿔가는 것이다.

신비로운 절대적 존재를 믿지 않아도 일상생활에서 이상향으로 이어지는 길이 보인다. 설령 마지막 골짜기에 도달하여 '깨달음'을 얻는 것이 어렵다고 할지라도 어제보다는 오늘, 오늘보다는 내일, 이렇게 누구라도 스스로 힘으로 착실하게 앞으로 나아갈 수 있는 천하의 공도公道를 말한다. 그 길을 가리켜 불교라고 하는 것이다.

출가한 스님이라면 수행의 최종 목표인 '깨달음'을 목적으로 하는 것이 당연하다. 그러나 사회생활을 하는 일반인들에게는 어려운 일이다. '깨닫지 못하면 수행의 의미가 없다'고 생각할 필요는 없다.

'조금씩이지만 스스로 좋은 방향으로 가고 있다'라고 생각하는 것만으로도 인생의 멋진 재산이 된다. 이상을 따라가며 현실 속의 한 걸음 한 걸음을 소중하게 여기며 걸어가다 보면 어느덧 부처님의 가르침을 실천하고 있는 모습을 발견할 것이다.

30
끙끙대며 삶을 이해하다

_ '세상에 신비주의가 있는가?'에 대한 내 생각을 말해보겠다. 과거나 미래가 보인다고 하거나 영가의 존재를 느낀다는 주장은 사람의 심정에 따른 불확실한 정보이기 때문에 신뢰하지 않는다. 스스로 '자신을 지켜주는 강한 힘'을 느꼈다고 강조하지만 어디까지나 자신이 마음속으로 혼자 느끼는 것일 뿐, 다른 사람에게 말해봤자 별 의미가 없는 것이다. 하물며 "너도 믿어라"라는 말로 사람들에게 강요하지 않는다. 그런 의미에서 나는 신비주의 현상을 부정하는 딱딱한 합리주의자다.

그러나 한편으로 인간의 정신 속에는 신비스러운 무엇이 들어 있다고 생각한다. 100년 전 인도의 수학자 스리나바사 라마누잔(1887~1920)은 활발하게 활동했다. 열악한 교육환경 때문에 정규 수학고등교육을 받지 못한 그는 첸나이(마도로스)에서 항만사무원을 하면서 독학으로 수학의 세계를 개척했다. 그것이 인연이 되어 만난 영국의 수학자 하디에게 인정받은 그는 영국 케임브리지대학에 가 학자로서 열정적인 삶을 살게 되었다. 그러나 아깝게도 32세 젊은 나이에 생을 마감하고 말았다. 그동안 그가 독자적으로 발견한 수학의 주요법칙은 셀 수 없이 많다. 게다가 더욱 놀라운 것은 라마누잔 자신도 그 수학법칙을 어떻게 발견했는지 제대로 설명하지 못한다는 것이다. 그는 말했다. "마음속의 여신이 수학을 가르쳐 주었다."

세계에서 이름난 수학자들이 일제히 달라붙어 연구해도 찾을 수 없는 법칙이 그의 머릿속에는 둥실둥실 떠다녔던 것이다. 그 법칙은 모든 이들이 납득하는 수학적 진리였으며 신비의 그림자라곤 조금도 찾아볼 수 없다. 하지만 수학의 법칙은 신비스러운 길을 통해 라마누잔의 머릿속에 차례로 떠올랐다.

　요컨대 진정한 신비란, 세상의 진리를 한 순간에 깨닫는 그런 정신활동 속에 들어 있다고 생각한다. 끙끙대며 정신을 집중했을 때 일상생활에서는 절대 얻을 수 없는 강한 이해력이 인간의 마음에 생기고, 그것이 곧 진리를 가르쳐 준다. 보편적인 진리를 만들어 낼 수 있는 신비. 즉 '틀림이 없는 신비'다. 불교에도 신비로움은 있지만 이렇듯 정신 속의 신비이다.

31
마음의 법칙을 발견하는 과학과 불교

_ 불교는 이상적인 삶의 태도를 목표로 특별한 수련을 한다는 점에서 종교라고 말할 수 있지만, 그리스도교나 이슬람교처럼 절대적인 신을 인정하지 않는다. 불교에는 '신의 계시'라는 것이 없다. 착실히 앉아서 진리를 깨닫는 것. 게다가 모두 스스로 하는 것! 다른 누군가가 답을 가르쳐 주는 않는다는 데 불교의 핵심이 있다.

"그 진리란, 원인과 결과에 따라 세계가 움직이고 있다는 인과의 법칙이다"라고 부처님은 말씀하셨다. 불교의 진리는 한 사람 한 사람의 마음에 담긴 법칙성이므로 귀로 듣고 간단히 이해할 수 있는 것이 아니다. 실감나게 체득하기 위해서는 자신도 부처님과 똑같은 체험을 하는 수밖에 없다. 바로 거기에 수행의 의미가 있다.

이처럼 불교는 마음의 법칙을 탐구하는 종교다. 이와 정반대의 자리에 과학이 있다. 과학의 목적도 불교와 동일하게 세계의 법칙을 발견하는 데 있다. 다만 외부 물질세계의 법칙이라는 점이 불교와 다르다. 불교는 지혜의 힘으로 '마음의 법칙'을 탐구하고, 과학은 지혜의 힘으로 '물질세계의 법칙'을 탐구한다. 불교와 과학은 서로 보완하고 존경할 수 있는 같은 차원의 영역이라 할 수 있다.

아쉬운 것은 불교를 종교라는 이름 아래 기독교 등의 절대신을 믿는 신앙과 한 데 묶어 바라보는 이들이 많다는 것이다. 불교가 가진 위대한 합리성은 언제나 그늘에 가려져버린다. 2006년 영국의 유명한 생물학자 리처드 도킨스가 기독교를 비판한 《신은 망상이다》(한국판 : 만들어진 신)을 펴냈는데 그 책의 일본어판 번역서에 붙은 부제가 '종교와의 결별'이다. 누가 붙였는지 알 수 없지만 이렇게 제멋대로 이해하는 것은 정말 곤란하다. 도킨스가 비판하는 것은 과학적 사고를 방해하는 그리스도교적 신앙 세계일 뿐, 석가모니 불교와는 아무런 관계가 없다.

    오히려 불교는 과학과의 결별은 고사하고 지금보다 더 확실히 과학과의 연대감이 깊어질 것이 틀림없는 종교다. 불교가 절대신을 모시는 종교가 아니라는 점은 분명히 알아야 한다.

32
과학과 불교, 한 점에서 만나다

_ 얼마 전 오사카대학의 뇌과학자인 후지타 이치로藤田一郎 씨가 나를 세미나 강사로 불러 주었다. 내가 과학과 불교의 공통점에 관해 쓴 《무소의 뿔》을 후지타 씨가 우연히 읽고 매우 재미있다고 평가한 것이 인연이 되었다. 이공계 교수진과 대학원생 50명 앞에서 강의를 시작한 나는 가슴이 뜨거워졌다. 자주 강연해 왔지만 이번 강의는 특별해서 무척 영광스럽기까지 했다.

나는 젊었을 때 과학자가 되기를 바랐지만 이런저런 일로 불교학으로 방향을 바꾸게 되었다. 과학의 세계에서 멀어진 지 어느덧 30년이 흘렀다. '불교는 재미있다. 불교학은 멋지다'라고 생각하며 옆도 돌아보지 않고 쏜살같이 달려오며, 불교의 본질이 서서히 눈에 보이게 되었을 즈음 그 철저한 합리성이 실은 과학의 세계와 동일하다는 것을 알게 되었다. 빙글빙글 돌아 전혀 다르다고 생각한 두 개의 길이 하나로 이어진 것이다.

이 발견은 내 인생에서 가장 큰 충격이었다. 누구에게도 간단히 이해를 구할 수 있는 것이 아니었다. '과학과 불교의 공통점'이라고 하면 대개는 '이상한 신비론'이라고 생각하기 마련이다. 진짜 과학자에게 인정받지 못한다면 내 생각도 물거품처럼 꿈으로 사라지고 만다.

그때 마침 후지타 씨에게 세미나 초청을 받게 되었다. 불교학자가 과학자 앞에서 불교와 과학에 대해 이야기하는 것은 매우 희귀한 일이다. 그날을 '맑은 날'이라고 표현한 의미가 이제 이해되리라 믿는다.

물론 세미나 강의는 멋진 시간이었다. 이과도 문과도 아닌, 오로지 한결같이 '사물의 진리를 알고 싶다'라는 생각이 하나로 모아져 말하는 사람과 듣는 사람이 하나가 되어 뜨거운 토론의 바퀴가 진지하게 움직였다. 주어진 2시간이 정말 눈 깜짝할 사이에 지나가 버렸다. 불교와 과학은 결코 대립하는 것이 아니라 같은 입장에서 연구되고 활동한다는 것을 이해해 준 것이 무엇보다도 기쁜 시간이었다.

"후지타 선생님, 다음에는 불교학자들 앞에서 뇌 과학에 관한 얘기를 부탁드립니다."

33
삼장법사를 닮아라

_ 국가의 위력이 없어진 탓일까, 세계 일류를 목표로 해외로 뛰쳐나가는 사람이 줄어든 듯하다. 최근에는 이과계통의 전공자들도 '외국에 유학하지 않아도 일본에서 공부하면 되겠지'라고 생각하는 사람이 증가하고 있는 추세다.

그러나 이런 생각은 곤란하다. 설령 '자기 전공분야에서는 일본이 가장 앞선다'고 생각할지라도 한 걸음 더 나아가기 위해 밖으로 뛰어나가야 한다. 그런 기상이 없으면 일류가 되기 어렵다. 세계의 두뇌들이 격전을 벌이는 과학 분야에서 '여기에만 있으면 되겠지'라고 안착하면, 가령 일본이 가장 앞선 분야라고 해도 눈 깜짝할 사이에 다른 나라에서 빌 게이츠 같은 사람이 나온다.

옛날 스님들은 자주 여행을 했다. 광대한 아시아의 대지에는 무수한 불교 승단이 존재하고 있었다. '어디 지역에 좋은 선생이 있다', '어느 절에 훌륭한 학인 스님들이 모여 있다'라는 소문을 들으면 간소한 일용품과 발우를 가슴에 안고 곧바로 여행을 떠났다. 산을 넘고 물을 건너 황야를 지나는 동안 음식은 근처 마을 사람들에게 얻어먹는 정말 목숨을 건 여행이었다.

《서유기》의 삼장법사(현장) 일행은 경전을 구하기 위해 인도로 건너갔다가 17년이 지난 뒤에 고향으로 돌아왔다. 운이 나쁘면 강도를 만나 죽을 수도 있다. 날마다 차가운 길에서 자다 병에 걸려 죽을 가능성도 높다. 그런데도 그들이 계속해서 걸었던 것은 '자기 자신을 더욱 발전시키고 향상하고 싶다'는 구도의 기개가 있었기 때문이다. 그와 같은 수행자의 자세가 불교를 전 세계에 퍼뜨린 것이다.

세상의 진리를 탐구한다는 점에서 불교와 과학은 같은 차원에 있다고 앞에서 강조했다. 불교와 과학, 모두 높은 이상과 강한 의지가 만들어내는 진리의 세계이다. 진리 탐구를 위해 신명을 바쳐 돌진하는 과학자들의 모습은 부처님이 수행하는 모습과 어우러져 보인다. 두 가지 모두 나에게는 동경의 대상이다. 삼장법사의 의지가 젊은 과학자의 가슴에 머물기를 바란다.

34
따뜻한 서열제

_ 거품경제가 꺼진 뒤 일본의 모습도 많이 변했다. 능력주의로 사람을 판단하여 직책을 결정하는 경우가 늘어났다. 치열한 경쟁을 벌이는 국제 사회에서는 당연한 일이다. 유능한 사람이 높은 자리에서 지휘하지 않으면 사회도 국가도 살아남을 수 없다. 나이 순이나 근무 경력 순으로 직책을 정하는 연공서열^{年功序列}처럼 무사태평한 인사^{人事}를 한다면 어느 조직도 오래 지속될 수 없다는 말이다.

그런데 연공서열로 2600여 년 존속해 온 단체가 있다. 바로 불교 승단이다. 오늘날 일본에는 남아있지 않지만, 스리랑카를 비롯한 동남아시아에는 부처님 당시의 규칙을 그대로 지키며 수행하는 스님들이 존재한다. 승단의 규칙을 살펴보면, 절 안에서의 서열은 완전히 연공제年功制, 즉 '스님이 된 뒤의 기간'만으로 지위의 높낮이를 결정한다.

모두가 존경하는 성실하고 훌륭한 스님이라 할지라도 스님이 된 지 얼마 안 된 사람은 아랫자리에 앉는다. 반대로 수행은 하지 않고 게으른 스님이라 할지라도 출가하여 시간만 지나면 높은 자리에 앉는다. 이러한 결정 방법은 모두 납득하지 않을 것이라고 여길지 모르지만 도리어 그러한 이유로 누구라도 자연스럽게 받아들이기도 한다.

상하 관계가 본인의 자질이나 능력과 관계없이 출가한 이후의 기간이라는 기준으로 정해지면 상하관계 자체가 보잘것없게 된다. 그러면 높은 자리에 앉는 의미가 없어지기 때문에 윗사람을 밀어내고 그 자리에 오르려는 욕망이 일어나지 않는다. 서열은 단순히 승단 운영을 원활히 하기 위한 방편에 지나지 않는 것이다. 자기를 바라보고 마음의 번뇌와 싸우기 위해 출가한 승려 생활에 세속적인 상하관계는 방해만 될 뿐이다. 투쟁 없는 집단통제 시스템, 그것이 바로 승단 안에서의 '별 볼일 없는 기준으로 정한 서열제'인 것이다.

이 시스템으로 라이벌 사회와의 경쟁에서 이긴다는 것은 무리일지 모른다. 그러나 이런 집단에 소속한 멤버들의 마음은 따뜻하고 편안하지 않을까. 능력 만능주의인 현대에 단지 평안하게 유지해 가는 데 목적이 있는 집단이 있다는 것도 괜찮은 일 아니겠는가.

구성원 한 사람 한 사람이 주위를 의식하지 않고 자신의 과제에만 몰두해 비로소 훌륭한 성과를 낼 수 있는 집단! 불교는 그런 좋은 본보기를 보여주고 있다.

35
절 안의
교육시스템

_ 부처님 당시에 뜻을 세워 스님이 되고 사찰에서 수행 생활을 시작할 때 제일 먼저 무엇을 했을까. 나무 밑에 앉아 명상을 하거나 경을 읽으며 불교철학을 배울까. 아니다 우리가 상상하는 스님다운 모습은 그보다 훨씬 뒤의 일이다.

부처님 당시에는 제일 먼저 절 안에서 공동생활을 하기 위해 만든 규칙을 외웠다. 불교에서는 '율律'이라는 승려를 위한 특별한 법률이 정해져 있어, 전원이 율에 따라 정연하게 행동하는 것이 의

무였다.

    율의 규칙은 중요한 줄기만 따져도 250개 정도 된다. 보통 모범적으로 살아가는 사람이 바르게 생활하는 극히 일상적인 규범에서 모든 율은 시작된다. '도둑질하지 마라.' '사람을 죽이지 마라.' 이처럼 아주 당연한 것에서부터 특별한 율에 이르기까지 내용도 가지가지다. 스님들은 하나도 빠짐없이 전부 외웠다. 그 밖에도 아주 사소한 규칙까지 빽빽하게 정해져 있어 하나라도 파계하지 않도록 일상의 행동 패턴을 몸으로 일일이 기억해둬야 한다.

    스님이 되는 것은 완전히 새로운 생활을 시작한다는 의미이기 때문에 혼자 모든 것을 배우기는 어렵다. 그래서 선배가 후배를 지도하는 교육시스템이 이용된다. 지도자 역할을 하는 선생님을 가리켜 '화상和尚'이라고 한다. 갓 출가한 스님은 자신의 화상 옆을 한시도 떠나지 않고 아침부터 저녁까지 따라다니면서 스님으로서 생활하는 방법에 대한 가르침을 받아야 하는 것이다.

    규칙에 대한 공부가 끝나면 드디어 부처님의 사상이나 명상법과 같은 본격적인 불교 공부에 들어간다. 이 또한 모두 화상에게서 배운다. 만약 화상의 상황이 좋지 않아 가르침을 받을 수 없을 때는 다른 전문가가 있는 곳에 가서 배우게 된다. 그 과목별 교사가 바로 '아사리阿闍梨'다. '화상'과 '아사리'의 본래 의미는 이렇게 시작되었다.

신참 스님은 화상이나 아사리에게 수행생활 전반에 관해 배우고 조금씩 승려다워진다. 스님이 되기 위한 이러한 의무교육 기간은 5년이나 계속된다. 5년 동안 충분히 교육받은 뒤에야 드디어 당당한 승려로서 자립할 수 있게 된다.

불교의 토대에 이렇듯 정밀한 교육 제도가 있다는 것은 잘 알려져 있지 않다. 출가자들에게 불교의 교육 과정을 견실한 태도로 착실히 익히게 함으로써 비로소 부처님의 가르침이 꽃을 피우고 있는 것이다.

36
스승의 잘못을 보았다면 어떻게 할까

_ 불교는 교육을 매우 중요시한다. 갓 출가한 스님은 화상이나 아사리라고 부르는 스승 밑에서 몇 년 동안 의무 교육을 받아야 한다는 이야기는 이미 말했다. 아무것도 모르는 제자의 입장에서는 스승의 가르침이 수행을 계속해 나가기 위한 가장 소중한 의지처가 된다.

그러나 스승의 말씀이 절대적인 것은 아니다. 종교에서 사제師弟 관계라고 하면 스승의 절대적인 힘을 떠올릴지도 모르겠다. 가령 스승이 "사람을 죽여라!"라고 명령하면 제자는 "예, 알겠습니다!"

라고 대답하고는 아무렇지도 않게 사람을 죽이는 광신자들의 모습 말이다. 부처님 당시 불교에는 그런 일이 있을 수 없었다. 출가자에게는 '율'이라는 독자적 법률이 정해져 있어서 스승과 교사의 말보다도 그 법률이 우선시되었다.

율 가운데 '사람을 죽이지 마라'는 내용이 있다. 만약 이를 어기고 사람을 죽이면 불교의 수행세계에서 영원히 추방된다. 따라서 승려는 무슨 일이 있어도 사람을 죽여서는 안 되었다. 설령 스승이 죽이라고 명령해도 죽일 수 없다. '폭력을 휘두르지 마라'라고 쓰여 있기 때문에 어떤 이유에서라도 사람을 해치는 일은 불가능하다. 스승이 사랑의 매로써 제자를 때리는 것조차 허락되지 않는다. 그리고 정해진 규칙을 지키지 않을 경우에는 그에 상응하는 벌이 주어진다. 승단 내부는 법률이 스승의 말을 비롯한 모든 것에 우선하는 완전한 법치사회인 것이다.

질 나쁜 스승이 뭔가를 잘못하고 죄를 감추고 있다고 하자. 그런데 스승이 죄를 저지르는 장면을 우연히 제자가 보았다. 제자는 스승의 비밀을 알고 있다. 서스펜스 드라마 같은 상황에서 제자는 어떻게 하는 것이 좋겠는가. 막막한 질문에 대한 답을 불교 법률에는 명확하게 기술하고 있다. 제자는 스승에게 "스님께서 하신 일은 분명히 죄가 됩니다. 그것을 모두에게 똑바로 밝히고 그에 상응하는 벌을 받으십시오. 그것이 수행자의 도리입니다"라고 말하며 설득하지 않으면 안 된다. 제자가 스승을 이끌어주는 것이다.

교육은 복종이 아니다. 교육이란 가르치는 자와 배우는 자가 함께 성장하는 상호부조相互扶助의 활동이라는 것을 고대 인도의 불교는 정확히 알고 있었다.

37
조각을 이을 때
비로소 알게 된다

_ 나는 후쿠이켄福井県에서 태어나 후지시마藤島고등학교를 졸업했다. 고교시절 담임선생님 중에 이토 소산伊藤昭三이라는 분이 있었다. 선생님은 늘 학생보다 먼저 출근하여 화장실을 청소했고, 수업은 늘 유쾌하게 해주려고 노력하셨다. 일일이 학생들을 불러 진로 상담도 열심히 해주셨다. 입시철에는 기차역까지 나와 학생들을 배웅하기도 했다. 나에게는 '좋은 선생님이다.'라고 존경하는 마음으로 기억하는 선생님이다.

내 또래의 제자들이 마흔다섯 살이 된 2002년, 성대한 동창회가 열렸다. 안타깝게도 선생님은 동창회가 열리기 직전에 돌아가셨다. 보통 동창회라면 '생각해보니 그런 일도 있었네'하며 한바탕 옛 추억을 회상하며 마무리했을 것이다. 그러나 그날 이야기 주제는 사뭇 달랐다. 선생님께 입은 은혜에 대하여 저마다 한보따리씩 풀어놓았는데 모두 이야기가 달랐다.

진로에 대한 고민, 가정 사정, 취직 걱정, 결혼 문제에 이르기까지 다양했다. '선생님께서 그런 일까지 하셨단 말인가'라고 생각할 만큼 우리 모두 깜짝 놀랐다. 선생님은 제자 한 사람 한 사람을 사랑으로 저마다의 인생을 소중히 지켜주셨다는 것을 뒤늦게 깨달은 우리는 가슴이 먹먹했다. 아무도 모르게 나만 선생님의 보살핌을 받았다고 생각했는데, 수십 년이 지난 오늘에서야 우리 모두 같은 생각을 하고 있다는 것을 알게 되었다. 선생님은 제자들 한 명 한 명의 사정을 누구에게도 말하지 않으셨던 것이다.

선생님에 대한 고마움은 화장실 청소 정도에만 그치지 않았다. 도대체 선생님은 제자들을 위해 얼마나 많은 인생의 시간과 에너지를 쓰신 것일까. 진정한 고마움은 살아계실 때 아무도 몰랐다. 동창회에 모여 너도나도 이야깃거리를 털어내 조각을 이어보니 그때 비로소 진실한 모습을 알아차리고 망연해했다.

부처님은 40년간 설법을 계속하셨다. 설법 내용은 대개 단편적이다. 왜냐하면 그때그때 눈앞에 있는 사람을 생각하면서 설법을 하셨기 때문이다. 열반에 드신 후 제자들이 모여 부처님의 가르침을 정리했을 때 비로소 부처님의 진정한 위대함이 드러났다.

수줍음 많은 이토 선생님은 자신을 부처님과 비교했다고 저 하늘 위에서 곤혹스러워하실 것이다. 하지만 본질은 같다. 사람의 위대함은 일시적인 화려함이 아니다. 날마다 성실하게 한 가지씩 쌓아올려 확고하게 다지는 과정에서 드러나는 것이다.

38
부처님은 깨달음을 위해 가족을 버리라고 하지 않았다

_ 공양을 바치거나 주술을 써서 병이 낫는다는 것은 미신이다. 여하튼 병은 우리 바람과는 다르게 몸을 갉아먹는다. 병이 깊어지면 누구에게도 풀 수 없는 화나 절망으로 가득 차 지푸라기라도 잡고 싶어진다. 사람의 연약한 심리로는 당연한 일이다.

한편 불교는 '어떤 일에도 동요되지 않는 마음'을 목표로 한다. 어느 때라도 합리적이어야 한다고 설한다. 이상한 미신에 매달리는 것을 금한다.

그렇다면 만일 출가한 사람이 수행하여 어떤 일에도 동요되지 않게 된다면, 스님은 병으로 고통스러워하는 가족을 앞에 두고도 얼굴빛 하나 변하지 않고 '참, 안된 일입니다'라고 냉정하게 말할 수 있을까. 만약 이것이 불교라고 한다면 불교는 정말 냉혹한 종교다. 깨달음을 위해서라면 인정도 던져버리는 무정한 종교란 말인가. '석가모니의 불교는 자기밖에 생각하지 않는 이기적인 종교다'라는 말을 듣기도 하는데 이러한 오해가 원인이다.

'출가'라고 하면 그때까지의 생활을 전부 끊고, 다른 세계에 몰입한다고 하는 이미지가 강하다. 하지만 그것은 착각이다. 실제로 부처님 당시 인도에서는 출가한 이후에도 스님과 속가 식구들의 인연은 계속 이어진다. 날마다 속가 집에 탁발을 하러 가서 가족에게 밥을 받아온다고 해도 아무 상관이 없다. '우리 아이가 건강할까'하며 부모님이 출가한 자식을 찾아 절에 오면 가족들과 즐거운 한때를 보내기도 한다. 그리고 부모님이 병들거나 임종을 앞두면 설령 출가한 몸이라 할지라도 부모님 계신 곳으로 돌아가 마지막까지 간병해 드린다.

부처님은 "깨달음을 위해 가족의 사랑을 버려라"라고는 절대 말씀하지 않으셨다. 어떤 일에도 동요되지 않는 마음이란 애정에 반응하지 않는 냉혹한 마음이라는 의미가 아니다. 무슨 일이 있어도 합리적인 사고를 등지지 않는 마음, 미신과 같은 이상한 신비주의를 인생의 의지처로 삼지 않는 마음이다. 이것이야말로 '어떤 일에도 움직이지 않는'이라는 말의 진의다. 따라서 가족이 병에 걸리면 주술이나 기도가 아니라 병을 고치기 위해 필요한 참다운 방법으로 철저히 간병하는 것이 옳다. '어떤 일에도 동요되지 않는 마음'을 지닌 사람의 바른 자세다.

서로 순연한 합리 정신과 깊은 애정으로 지탱하는 그곳에 바로 불교가 이상으로 삼는 출가와 재가의 관계가 있다.

39
고통이 내 인생을
별 볼 일 없게 만들도록 두지 마라

_ 우리는 보통 '훌륭한 사람은 훌륭하게 죽는다'라고 생각하는 경향이 있다. 그것은 위험한 생각이다. 부처님이 어떻게 돌아가셨는지 알고 있는가. 단지 식중독 때문이었다. 여든 살의 늙은 나이에 그것도 변변치 못한 생활을 이어가며 무더위 속을 터벅터벅 걷고 있으면, 누구라도 식중독에 걸릴 수 있다. 배탈이 난 부처님은 점차 체력이 떨어져 그대로 돌아가셨다.

불교라고 하는 전 세계에 유례없는 깊은 지혜의 종교를 창조한 석가모니 같은 분도 입적하실 때에는 평범한 식중독으로 돌아가신 것이다.

죽을 때에 좋고 나쁨은 운에 따른 문제다. 심성이 나쁜 사람이나 어리석은 사람도 운이 좋으면 깨끗한 죽음을 맞는다. 성실하게 살아왔어도 고통이 심한 병에 걸리기도 하며, 너무 고통스러운 나머지 울거나 짜증내지 않을 수 없을 지경에 이르기도 한다. 이는 그 사람의 가치와는 아무 관계없는 그저 우연에 불과한 일이다.

최후의 최후, 괴로운 병에 시달리며 '아프다, 괴롭다, 도와줘'라고 외치는 모습은 앞으로 일어날 나의 미래일지도 모른다. 설령 그렇다 해도 내 인생이 별 볼 일 없는 인생이 되는 것은 아니다. 너무 고통스러워서 이상한 신비로움에 기대고 싶은 생각이 들지도 모르지만 조금도 상관없다. 그런 생각이 내 삶의 태도에서 중심이 되는 것은 아니기 때문이다. 내 삶의 태도는 지금 여기에 있는 나의 이런 모습이다.

죽을 때의 모습으로 사람을 판단해서는 안 된다. 인생의 의미는 인생의 전체에 있다. 오랫동안 계속되는 일상에서, 날마다 지속적으로 이루어지는 작디작은 행위와 생각이 조금씩 쌓여 자기도 모르는 사이에 인생을 만들어간다. 비록 최후가 비참했거나 고통스러웠다고 해도 모든 것이 부정될 만큼 사람의 일생은 얄팍하지 않다.

죽어가는 사람도 보내는 사람도 이러한 생각을 마음에 새겨두었으면 좋겠다. 편안하게 가신 분의 모습도 멋지지만, 그보다는 자신감을 가지고 자기 삶의 태도를 올바로 결정해 가는 사람의 모습이 훨씬 더 멋지고 훌륭하다. 왜냐하면 그것은 운이 있고 없고의 문제가 아니라, 그 사람의 본질적인 사고방식을 투영하는 것이기 때문이다.

40
자살은 악惡이 아니다

_ 세상에는 괴로운 일이 너무 많다. 보통 힘든 일을 당하면 작은 즐거움으로 기분 전환을 하거나 주위 사람들에게 사정을 털어놓으며 숨통을 트는 등의 방법을 쓰는 등 어쨌든 참으면서 살아간다. 그러나 어떻게 해도 괴로움을 피해갈 수 없을 때가 있다. 병이나 돈 문제, 실연을 당하거나 미래에 대한 불안과 같은 심각한 문제만이 아니다. 주위에는 아주 사소한 문제일 뿐인데 정작 자신은 몸을 깎아내리는 것처럼 고통스럽게 느끼며 자기 자신을 막다른 골목으로 몰고 가는 이들이 부지기

수다.

만약 그런 사람이 스스로 목숨을 끊었다면, 나쁜 일일까? 일부 기독교나 이슬람교에서는 신이 애써 만들어 주신 소중한 목숨을 제멋대로 끊어버린 것인 만큼 신을 배신하는 행위라고 죄악시한다. 자살자는 또 하나의 죄를 지은 범죄자라고 생각한다.

불교는 어떠한가. 불교는 본래 인간을 통제하는 초월자를 인정하지 않는다. 그러므로 자살을 한다고 하여 초월자에게 사죄할 이유가 없다. 자살은 분명 쓸쓸하고 슬픈 행위이지만 죄악시하지는 않는다. 불교에서는 번뇌와 연결하여 '악惡'을 말하기도 하는데, 자살은 번뇌와 관계가 없으므로 악은 아니다. 다만 자살은 겨우 사람으로 태어나 자신을 향상시킬 수 있는 소중한 기회를 놓친다는 점에서 매우 '안타까운 행위'일 뿐이다.

사람은 자살을 해서는 안 된다. 다른 사람의 자살을 그냥 지나쳐서도 안 된다. 세상에는 자살의 슬픔이 사라지기를 바라야 한다. 그러나 한편으로 자신의 목숨을 스스로 끊는다는 행위가 자긍심이 있는 하나의 결단일 수도 있다는 것을 이해해주지 않으면 안 된다.

사람이 오랜 시간 고뇌하며 최후의 최후, 마지막으로 한 걸음 내딛는 바로 그 순간의 마음을 남겨진 사람들이 제멋대로 폄하하거나 업신여길 수는 없는 것이다.

자살은 본인에게도 남겨진 이들에게도 괴롭고 슬프고 잔혹하여 무엇으로도 마음을 달랠 수가 없다. 거기에는 죄악도 과실도 없다. 있는 것이라곤 한 사람 한 사람의 멈추려야 멈출 수 없는 결단과 가슴 아픈 영원한 이별뿐이다.

41
자신을 올바로 보존하는 것이 최고의 선

_ 칼럼 중에 '기독교나 이슬람교는 자살을 죄악시한다'는 구절을 썼더니 "그럼, 왜 이슬람 과격파가 자살 테러를 하는 겁니까?"라고 독자들이 물어왔다.

분명 이슬람교는 자살을 금한다. 그러나 자살 폭탄 테러는 이슬람교의 적을 무너뜨리기 위한 전쟁이기 때문에 용서되는 것이다. 알라신은 사람들에게 '자살하지 마라'라고 설하지만 한편으로는 이슬람에게 적대적인 자가 있을 경우에는 목숨 걸고 싸우라고 말하고 있다. 자폭 테러를 하는 과격파는 자기 행동을 자살이 아니라, 이슬람의 적을 쓰러뜨리기 위한 성전이라고 생각하기 때문에 망설임 없이 자결하는 것이다.

그들에게 최고의 선善은 신과 한 약속을 충실히 지키는 것이다. 약속을 지켜야만 죽어서 천국에 태어나는 영원한 행복을 맛볼 수 있다. 일반 사회의 도덕이나 법률은 신과의 약속 아래 있는 낮은 단계의 선이다. 자폭 테러는 죄 없는 수많은 사람들을 해친다. 도덕적으로도 용서받지 못할 범죄 행위다. 하지만 '신에게 복종한다.'는 가치가 인간 사회의 가치관보다 우선하므로, 과격파에게는 반드시 선택해야 할 최고의 선善인 것이다.

절대자를 믿고 따르는 종교는 절대자와 한 약속이 가장 중요하다. 약속을 지키기 위해서라면 폭력도 때로는 선이 된다. 바로 거기에 종교의 '무서운' 근원이 있다. 그러나 불교처럼 절대자를 인정하지 않는 종교에서는 다른 사람에게 상처를 주면서까지 지켜야 할 것이 아무것도 없다. 자폭 테러를 한다고 해도 칭찬해줄 신은 어디에도 존재하지 않는다.

불교의 경우에는 유일한 의지처가 날마다 향상을 목표로 하는 자기 자신이기 때문에, 유일하게 지켜야 할 것은 자신의 청렴함 뿐이다. 자기 자신을 올바로 보존하는 것이야말로 이 세상 최고의 선이다. 그러므로 불교를 믿는 사람은 결코 사람을 죽이지 않는다.

부처님의 훌륭함만을 거듭 얘기하니까 나를 불교원리주의자로 부르는 사람도 있는데 그런 말을 들을 때마다 매우 기쁘다. 불교는 원래 가르침으로 돌아갈수록 평온한 비폭력의 세계를 이룰 수 있기 때문이다.

42
불교는 어디까지 사회 참여를 할까

_ 부처님의 이름은 고타마다. 석가모니는 본명이 아니다. 석가족이라는 부족에서 태어나 석가모니, 또는 석가라고 부르게 되었다. 석가모니는 '석가족 출신의 위대한 사람'이라는 뜻이다.

석가족은 옛날 부처님 생존 당시에 멸족을 당했다. 주변국의 공격을 받아 부족민이 전부 몰살당하고 말았다. 석가족 땅을 침략한 왕은 부처님을 존경해서 부처님에게만은 조금도 해를 끼치지 않았다. 그러나 석가족 사람들은 너무 싫어하여 철저하게 죽였다.

부처님은 그 끔찍하고 고통스러운 순간을 견뎌내셨다.

불교는 훌륭한 인간성을 지향한다. 여기에서 '훌륭한'은 각자 자기 인생을 착실히 살아가는 삶의 태도를 완성한다는 점에서 '훌륭함'이지 모든 면에서 훌륭한, 초인적인 우월함의 의미가 아니다. 정치적으로 활약한다든지, 사회 각 분야에서 훌륭한 일을 하는 등의 사회 활동과는 관계가 없다.

이 사실이 의외일지 모르지만 불교는 본래 비사회적 종교다. 세상의 한구석에서 '나는 어떻게 살아가면 좋을까' 하고 고민하는 사람들을 슬그머니 받아들여 키운다. 거기에 불교의 존재 가치가 있다.

만약 불교가 사회를 향해 차고 나가는 공격적인 종교였다면, 일족이 전부 죽임을 당하는데 부처님이 가만히 있었을 리 없다. 모두에게서 존경을 받는 자신의 지위를 이용하여 정치적인 압력을 가한다든지, 따르는 무리에게 무기를 들려 반격을 한다든지, 방법은 여러 가지 있었을 것이다. 하지만 그렇게 나서게 되면 불교는 더 이상 아무런 의미가 없다. 당시 부처님은 이 사실을 잘 알았기 때문에 그저 슬픔을 견딘 것이다.

'불교의 관점을 기초로 하여 사회적인 문제를 생각한다'는 것은 훌륭한 일이다. 그러나 불교 자체가 사회적 발언에 힘을 실어 정치에 깊숙이 참견하는 것은 용서받을 수 없다. 속세의 잡일에서 면제 받고 신도들의 보시로 살아가는 그야말로 복 받은 환경에 있는 불교가 정치에 관여하는 것은 기만이다.

석가족의 멸망 이야기는 뭐라 단정 지을 수 없는 씁쓸한 뒷맛이 남지만, 거기에 담겨 있는 '불교는 정치에 관여하지 않는다'라는 메시지만은 분명히 알아야 한다.

43
불교의 성쇠는 승려의 품격에 달려 있다

_ 생각해 보면 '승려'는 참 묘한 존재다. 보통 사람이라면 아침부터 저녁까지 일하며 어떻게든 하루의 생계를 이어가는데 그런 견실한 삶을 던져버리고 '자기 향상'이라는 목표에 일생을 걸고 있으니 무모하기 그지없다. 게다가 날마다 일해서 생계를 잇는 일반인에게서 보시를 받으며 살아가고 있으니 비위도 좋다.

앞뒤 생각 없이 그저 비위 좋게 얻어먹는 일이 세상에 통할 리 없는데, 출가라는 행위는 2600년간 동아시아 전역에서 끊임없이 이어져 왔다. 그 이유는 '출가한 사람은 출가를 하지 않은 사람보다 인격이 고귀하고, 행동이 성실하며, 지혜가 있다'라고 모두가 생각해왔기 때문이다. 그리고 또 실제로도 많은 스님들이 그러한 모습을 보여주었다.

세상에서 불교가 유지되기 위해서는 '스님은 보통 사람보다 훌륭하다'는 사회 통념이 절대 필요하다. 인격이 훌륭하기 때문에 공양을 올릴 만한 가치가 있다. 승려란 본래 빈털터리인 자신의 존재 자체가 평가 대상이 되는 매우 엄격한 삶이다.

사회의 보시가 없으면 불교는 유지될 수 없다. 보시를 받을 수 있을지 없을지는 승려의 품격이 정한다. 이렇게 말하는 것은 불교의 영고성쇠 또한 모두 승려의 인품에 달려 있기 때문이다.

오늘날 현대인들의 교육 수준은 매우 높다. 불교를 보는 사람들의 눈도 점점 더 엄격해지고 있다. 엉터리로 수행하고 게으르게 살면 금방 들통이 난다. 지금은 아직 신도 제도가 남아 있어서 어떻게든 유지되고 있지만 머지않아 승려 한 사람의 자질이나 교단의 자세가 직접 문제가 되는 날이 올 것이다. 힘들기도 하지만 재미있는 시대이기도 하다.

바깥에서 평가되는 긴장감이 승려들의 수행을 더욱 엄격하게 연마하도록 만든다. 그리고 결국 그로 인해 불교라는 종교의 땅이 단단해진다. 사람들의 따끔한 시선이 불교를 성장하도록 하는 것이다.

불교를 살릴 것인가 죽일 것인가, 그 결정권과 책임이 보시하는 신도에게 있다는 사실은 매우 중요하다.

44
'절대로 옳다'는 생각은 위험하다

_ 불교의 미래를 결정하는 것은 승려의 '인품'이라고 앞에서 말했다. 신도 제도가 무너지면 스님을 바라보는 사회의 눈이 엄격해지기 때문에, 착실하고 검소하게 생활하는 것이 승려가 갖추어야 할 기본 자질이다.

세간의 눈을 의식하는 것으로 출가자의 인격이 높아지지는 않는다. 다른 사람을 의식하는 것은 나를 바르게 본다는 점에서 바람직하지만 여기에는 한 가지 문제가 있다. 불교가 지나치게 세간의 시선을 의식하다 보면 비뚤어진 세상사에 어울려 떠내려갈 위험이 생길 수도 있기 때문이다.

    2차 세계대전 중에 일본 열도는 나라 전체가 온통 전쟁의 기운으로 물들어 있었다. "나는 스님이므로 전쟁에는 협조할 수 없다"고 당당히 말하며 시대의 흐름에 저항한 이들도 상당히 많았다. 하지만 반대로 전쟁을 찬성하는 스님도 많았다. 그들은 이렇게 말했다. "아시아의 평화를 실현하는 성전이기 때문에 인정할 수 있다." 전쟁의 광풍 속에서 반전론자는 박해를 받고 찬미론자는 칭찬을 받았다. 여기에 불교가 가진 문제점이 있다. 사회에서 비난받지 않도록 자신의 행위를 바르게 한다는 독자적 시스템의 이면에는 사회의 대세에 영합하는 위험성이 내재되어 있는 것이다.

    스님이 보시로 살아가는 이상, 세상의 빈축을 사는 행동은 절대 해서는 안 된다. 또 지나치게 사회의 흐름에 휩쓸리면 부처님의 가르침에 등을 돌리는 일이 되어버린다. 불교가 가진 이런 숙명적인 딜레마를 단번에 해결할 방법은 없다. 그때마다 정확한 정보와 합리적인 이해, 그리고 불교가 가진 독자적 세계관을 근거로 올바른 판단을 내릴 수밖에 없다.

전쟁에 협력한 승려도 마음은 선의로 가득 차 있다. '모두를 위해 좋다고 생각해서' 행동한 것이다. 이들을 우리가 큰소리로 비난할 수는 없다. 오늘 우리가 '세계 평화를 위해 좋다고 생각하는 일' 가운데는 크게 착각하고 있는 일들이 있을지도 모르기 때문이다. 그런 착각을 조금이라도 방지하기 위해서는 자기 생각이 절대로 옳다는 '아我'를 버리는 수밖에 없다.

이 세상이 나를 중심으로 움직이는 것이 아니라는 생각이야말로 날마다 바른 판단을 내릴 수 있는 기반이 된다.

45
불교의 원리는
인과의 법칙이다

_ 고시바 마사토시小紫昌俊 씨는 '뉴트리노'라는 소립자 연구로 2002년 노벨상을 수상했다. 고시바 선생의 뒤를 이어 뉴트리노 연구를 비약적으로 발전시킨 이가 도츠카 요지戶塚洋二 씨다. 도츠카 씨가 하는 일도 언젠가는 노벨상을 탈 것이다. 며칠 전 인연이 있어서 도츠카 선생과 만날 기회가 있었다.

도츠카 선생은 참 자상한 분이었다. 작은 고양이에게도 귀신같은 섬뜩함이 있는 것처럼, 사람에게도 기대하지 못한 장점을 발견할 때가 있지만 어쨌든 정이 많은 멋진 분이다. '뼛속 깊이 무신론자'라고 자칭하는 과학적 합리주의 정신을 가진 부처님의 화신이다. 종교인의 천적(?)과도 같은 생물학자인 고시바 선생은 나에게 "불교에 대해 알고 싶다"고 말했다. 우리는 두 시간 동안 무릎을 맞대고 앉아 많은 이야기를 나누었다.

"불교는 신의 존재를 어떻게 생각하는가? 시간의 흐름은 어떻게 받아들이는가? 세계는 어떻게 변화되고 있는가?"라는 여러 질문이 화살처럼 날아들었다.

상대는 초일류 생물학자다. 합리적으로 대답하지 않으면 안 되었다. 나는 잡념을 버리고 머리를 짜서 가능한 한 알기 쉽게 간결한 말로 대답했다.

"불교는 절대 존재를 인정하지 않습니다. 따라서 기도하며 구원받기를 바라는 것이 아니라, 수행하여 자기 자신을 바꾸는 종교입니다."

"시간이란 매사의 변화 그 자체일 뿐, 별개의 시간이란 없습니다. 인간이 열반에 든다고 하는 것은 그렇게 시간이 없는 상태가 되는 것입니다."

"우주는 특정한 사이클을 반복하면서 한량없는 과거로부터 한량없는 미래에 끝없이 지속됩니다. 거기에는 시작도 끝도 없습니다."

나는 질문 하나하나에 명확하게 대답하려 애썼다. 잘 모를 때에는 왜 이해가 안 되는지 자세하게 설명했다. 그때 얼마나 긴장했는지 그야말로 수행하는 듯한 기분이었다. 대답하는 것만으로도 내 자신의 생각이 더욱 깊어진 듯했다. 정말 소중한 경험이었다. 이야기를 마친 뒤 도츠카 선생은 만족한 얼굴로 감회를 털어놓았다.

"초월자를 인정하지 않고, 인과의 법칙만으로 세계를 바라보고자 하는 불교의 원리가 현대과학과 같다는 점이 매우 흥미로웠습니다. 물론 아직 이해가 안 되는 점도 많습니다."

그도 그럴 것이다. 두 시간 동안의 대화로 전부 이해가 된다면 불교학자인 내가 설 자리가 있겠는가. 부족한 설명은 도츠카 선생이 노벨상을 받은 뒤에 다시 천천히 얘기하기로 했다.

46
엉뚱한 과학자에게 보시하다

_ 스님에게 보시하는 사람들의 기분을 생각해 보자. 고대 인도에서는 훌륭한 이에게 보시하면 먼 훗날, 다시 태어난 뒤에 그에 맞는 훌륭한 과보가 돌아온다고 믿었다. 그래서 사람들은 미래의 과보를 기대하고 보시했다. 언제가 될지 알 수 없지만 지금의 선의가 결국 돌고 돌아 자신의 이익이 될 거라고 생각한 것이다.

그러나 현대 사회에서는 부처님 당시처럼 '윤회'라든지, '인과응보'와 같은 세계관은 설득력이 떨어진다. 좋은 일을 하면 그 과보로 하늘에 태어나 행복을 만끽한다든지, 나쁜 일을 한 사람은 지옥에서 고통을 받는다든지 하는 인위적인 세계관을 믿을 만큼 현대인들은 순박하지 않다.

그러나 보시에는 귀중한 가치가 있다. 보시의 원리에 담긴 가치를 현대의 상황과 틀에 맞게 적용해 보는 일은 충분히 가능하다. '내 행위가 돌고 돌아 먼 훗날 어떠한 형태로든지 큰 이익이 되어 돌아오겠지'라는 생각으로 수행자들에게 보시한다. 눈앞의 이익만이 아닌 미래의 보이지 않는 성과를 기대하는 행위다.

그런데 고대 인도에서는 보시의 대상이 수행자였다면 현대에는 반드시 종교인일 필요는 없다. 고대인들이 '위대한 꿈에 인생을 건 수행자들은 참으로 훌륭하다'라는 생각에 보시를 했다면, 오늘날 과학자에게 보시를 해보는 것이다. 현대의 수많은 이름 없는 과학자들이 잘 될지 안 될지 모를 수수께끼를 향해 돌진하고 있기 때문이다.

보통 사람의 상식으로는 이해할 수 없는 고차원적 세계에 머물며 아무런 도움이 안 될 것 같은 별난 연구에 몰두하는 괴짜에게 보시하기는 어렵겠지만, 그 연구는 100년 뒤 우리의 손자나 증손자에게 이치에 맞는 과보를 안겨줄지도 모를 일이다. (과거 수많은 과학자의 연구가 그 과정을 밟아왔다.)

결과가 분명한 이로운 연구에 최대한 지원하는 것은 당연하다. 거기에서 한 걸음 더 나아가 아직 보이지 않는 먼 미래의 인류 이익을 생각하며, 미지의 세계로 매진하는 과학자들을 후원하는 것 또한 훌륭한 보시의 정신이다. 현대에 맞도록 불교를 효과적으로 적용하는 하나의 방법이다.

47
무직자 부처님이 살아갈 수 있었던 이유

_ 석가모니는 원래 왕위를 물려받을 황태자였지만, 세속의 지위를 버리고 출가하여 수행자가 되었다. 그 뒤 석가모니는 줄곧 집 없이 생활했다. 집도 없고 직장도 없는 떠돌이였다. 잇속에 밝은 오늘날 일본에서 그런 사람은 무시당할 게 뻔하다. '성실하게 일해서 식구들을 먹여 살리고 세금도 꼬박꼬박 내야 할 성인이 빈둥빈둥 놀기만 하다니 꼴사납다'고 비난을 퍼부을 것이다.

그런데 인도는 재미있는 나라다. 열심히 일하는 사회인도 물론 존경받지만 한편 자기의 이상을 추구하기 위해 사회의 정형화된 틀에서 벗어나 독자적 생활 방법을 창조하는 사람도 '훌륭한 사람'이라고 모두의 존경을 받는다. 삶의 태도를 진지하게 모색하는 자세로 그 사람의 가치가 평가받는 것이다.

나아가 사회단체에서도 '그런 사람들을 잘 지키고 보호해주자'라고 하는 분위기가 사회 전반에 가득 차 있다. 겉으로는 낡은 옷차림에 쩔쩔매고 어수룩해 보이는 사람도 마음속에 확고한 기개만 있다면 모두 존경한다. 가슴을 활짝 펴고 당당하게 살아갈 수 있는 것이다.

이러한 가치관의 다양성 덕분에 부처님은 무직으로 삶을 이어갈 수 있었다. 마을마다 유복한 신도들은 집이 없는 부처님을 위해 땅을 제공하고 그 위에 훌륭한 사원을 지었다. 그다지 유복하지 않은 사람이라도 날마다 음식이나 일용품을 부처님께 올렸다. 그 결과 인도 사람들은 세파에 시달리지 않는 마음의 버팀목을 '불교'에서 찾을 수 있었다.

이러한 독자적인 철학적 풍토는 부처님이 계시던 옛날부터 현대에 이르기까지 세속을 버리고 홀몸으로 걷는 순례 수행자들과 그러한 사람들을 존경하고 공양하는 수많은 일반인들까지 모두 포용할 수 있게 했다.

지금 일본에는 이러한 유복함이 있을까. 돈이 있고 없고의 문제가 아니다. 좁은 가치관에 묶여 그 틀에서 벗어나는 사람을 '이상한 사람', '남에게 폐 끼치는 사람', '아무 도움도 안 되는 사람'이라고 소외시킨다면, 우리 세상에는 결코 석가모니와 같은 사람이 나타나지 않을 것이다.

불교를 탄생시킨 것은 인도의 '끝을 알 수 없는' 다양성이다. 일본이 창조성이 풍부한 나라가 되려면 인도처럼 속이 깊어야 한다. '나와 다른 생각을 하는 사람에게는, 나에게는 없는 가치가 분명히 있다'는 생각이 중요하다.

48
치열한 각오가 없다면 스님이 아니다

_ 일본 불교는 나라·헤이안 시대 이후 특수한 역사적 상황 속에서 크게 변했다. 그 뒤 다른 나라에는 없는 독특한 모습을 갖추게 되었다. 그 가운데 승려의 결혼 문제는 일본만의 특수성이 있다.

불교는 본래 출가자가 이성과 사귀는 것을 엄격히 금한다. 스님은 결혼하지 못하고 독신으로 사는 것이 당연했다. 일본 이외의 불교 국가에서는 스님들이 대부분 이러한 계율을 지키고 있다. 그러므로 당연히 일본에서 통용되는 '주지 스님의 아들이 절을 이어받는다'라는 말은 있을 수 없다.

오래 전 일본에서는 불교의 계율이 정착하지 못한 사이에 승려의 결혼이 허락되고 절이 자식에게 세습되는 관례가 생겨났다. 물론 평생 독신으로 살아가는 스님들도 많이 있고, 혈육이 아닌 사제 관계로 사찰을 전수하는 일도 많다. 그러나 소수에 지나지 않는다.

부처님의 가르침에서 보면 자식에게 절을 물려주는 일은 있을 수 없다. 하지만 이미 그러한 체제가 깊숙이 뿌리 내린 일본 불교에서, 절에서 태어난 아이들에게 '너희의 존재는 실수다'라고 말하는 것은 이치에 맞지 않다. 여기에 일본 불교의 고뇌가 있다.

세습제가 가진 최대의 문제점은 '기득권의 이익을 자식에게 물려주고 싶다'는 부모의 애정이다. 일반 회사의 경영에서라면 충분히 용납될 수 있지만 사람들에게 도를 말하는 승려의 세계에서는 커다란 번뇌가 된다. 다른 사람이 아닌 자기 자식에게 절을 물려주려는 부모와, 부모가 이어받으라고 해서 "이어받았습니다"라고 말하는 자식이 부처님의 가르침을 널리 전할 리 없다.

삶의 고통에서 벗어나 '이제 죽는 길밖에 없다'라는 아슬아슬한 순간까지 경험한 사람이 마지막으로 선택한 것이 출가다. 출가는 곧 속세의 행복을 포기하고 승려가 되어 부처님의 가르침에 따라 수행하며 마음을 닦고, 거기에서 체득한 경지를 설법하겠다는 각오가 있다. 출가자의 진정한 가치이다. 이러한 불교 본래의 길을 세습제가 빼앗고 있다. 이런 점에서 일본 불교는 크게 반성해야 마땅하다.

절에서 태어난 자식이든지 일반인이든지 관계없이 출가한 사람에게서 가장 중요한 것은 '어떤 생각으로 스님이 되었는가'라는 동기다. 출가의 길이란 불교 속에서 삶의 희망을 본 자가 스스로 각오를 정하고 그 길로 나아가는 것이다. 세속의 책임으로 결정하는 것이 아니다. 절에서 태어나 절을 이어간다는 것, 이 또한 오늘의 일본에서는 어쩔 수 없는 일이다.

하지만 이를 행하는 데에는 반드시 다른 사람의 갑절이나 되는 치열한 각오가 필요하다. 왜 사회에 나가는 것을 포기하고 승려가 되었는지 그 이유를 분명하게 말할 수 있는 자만이 공양을 받으며 살아갈 자격을 갖추는 것이다.

49
깨달은 사람만이
깨달음을 안다

_ 시험은 괴로운 일이다. 옛날 아프리카 어느 부족에서는 소년이 어른으로 인정받기 위해 사자 한 마리를 사냥해야 했다. 이 또한 시험의 한 종류다. 요즘 아이들은 사자와 싸우지 않아도 되니 행복하다. 그러나 젊은 날의 여러 가지 시험 결과로 남은 인생이 좌우되는 일은 예나 지금이나 여전해서 참으로 안타깝다.

물론 최근에는 성인이 된 뒤에 진로를 바꿀 수 있는 기회가 많아졌다. 시험을 '선별의 수단'으로 보기보다는 '능력의 도달 단계를 판단하는 시스템'이라고 생각하는 편이 나을지도 모르겠다. 그런 점에서 시험은 매우 친절한 제도다. 스스로 판단 내릴 수 없는 자신의 능력을 주위 전문가들이 손수 시간을 들여 판정해주는 것이 시험이다. 시험 결과를 받고 다시 격려와 용기를 얻어 한층 더 위로 올라갈 수 있는 기회를 삼는다면, 참 감사한 일이다. 그렇게 한층 한층 위로 향상되어 가면 어느 순간 시험은 없고 고고한 세계만이 존재하는 지경에 도달한다. 어떤 분야도 정상에 올라가면 그를 평가해 줄 사람이 없다. 자신의 수준이 어느 정도인지, 어느 단계에 도달했는지, 다음에는 무엇을 해야 하는지…… 누구도 가르쳐주지 않는다. 스스로 판단할 수밖에 없다. 이것이 '정상을 달린다'는 의미다.

불교의 최종 목표는 깨달음이다. 깨달음은 '살아가는 것의 최정상'의 자리에 존재한다. 그래서 어떠한 경지에서 어떻게 해야 깨달은 것이 되는지 판정해 줄 사람이 주위에 아무도 없다. 그러므로 불교에는 '깨달음의 판정 기준'이라는 것이 없다. 깨달은 사람만이 깨달았다는 것을 알 수 있을 뿐이다. 애매하게 들릴지 모르지만 깨달음에 대한 객관적인 기준을 정해놓지 않는 것이 좋다. 기준이 생기는 순간 '깨달음'은 단순한 시험 문제가 되고 만다.

다른 사람을 위해서가 아닌 자기 자신을 위해 걸어온 길의 마지막 완성 단계에서 타인의 시험 문제를 받아 무엇을 하겠는가. '납득할 만한 일생을 보내고 싶다'고 생각한다면 최후의 시험관은 자기 자신이 될 게 분명하다. 스스로 납득하는 것 이외의 합격은 있을 수 없다.

50
'나'의 존재만으로
누군가에게 힘이 된다면

_ 누구에게나 동경의 대상이 있다. 내 동경의 대상은 부처님이지만 좀 다른 차원에서 닮고 싶은 이가 있다. 기무라 타이켄木村泰賢선생은 젊었을 때부터 학문에 푹 빠진 불교학자다. 100년 전쯤 도쿄테이코쿠東京帝國 대학에서 교수로 활동하다가 일찍 돌아가셨다. 짧은 생애였지만 그가 남긴 학문적 성과는 지금도 뛰어나다고 평가받는다. 누군가 나에게 "어떤 학자가 되고 싶은가?"라고 묻는다면 주저하지 않고 기무라 타이켄이라고 답하겠다. 그는 내 마음의 스승이다.

교토京都의 기야마치木屋町 길목에 '슬로우보드'라는 작은 술집이 있다. 가끔 이곳에 들러 한잔하곤 한다. 여느 때처럼 혼자 들렀더니 낯선 신사가 불쑥 들어왔다. 도쿄 준텐도順天堂 대학에서 강의하고 있다는 안과병원 원장이었다. 그는 내가 불교학자라는 것을 알고, "아, 그것 참 기이한 인연이군요"라며 이상한 이야기를 꺼냈다. 무엇이 기이한 인연이란 말인가?

"실은 저희 할아버지도 불교학자였습니다."

"예, 그렇군요. 어디에 계셨습니까?"

"도쿄테이코쿠 대학에 계셨습니다."

"예, 성함이?"

"기무라 타이켄이라고 하는데, 혹시 아십니까?"

순간 나도 모르게 의자에서 벌떡 일어나 안과의사에게 고개를 숙여 인사를 올렸다. 신사의 이름은 기무라 타이로木村泰郎, 기무라 타이켄 선생의 직계 손자였다. 얼굴에서 기무라 타이켄 선생의 모습을 찾을 수는 없었지만, 나는 타이로 씨의 손을 꼭 잡으며 '당분간 손 씻지 말아야지'라고 다짐했다.

사람은 존재 자체만으로 다른 사람에게 은혜를 베풀 때가 있다. 기무라 타이로 씨는 생면부지의 나에게 용기를 주기 위해 교토까지 와서 슬로우보드 술집 문을 열고 들어온 것은 아니다. 아무 이유 없이 바로 들어왔고 어쩌다 내 옆에 앉았을 뿐이다. 그러나 그것만으로도 나는 큰 힘을 얻었다. 존경하는 타이켄 선생의 힘을 타이로 씨를 통해 느낄 수 있었으니 어찌 감사하지 않을 수 있을까.

사람은 삶의 의미를 찾느라 평생을 헤매지만 '자신의 존재만으로도 누군가에게 도움이 된다'라고 생각한다면, 그것만으로도 멋진 '삶의 의미'가 아닐는지. 나도 수많은 존재의 힘에 힘입어 살아가고 있으며 나 또한 모르는 사이에 나의 존재 자체가 어느 누군가에게 도움이 될 수 있을지 모른다. 나는 이렇게 아련하게나마 지탱해주는 힘을 '인연'이라고 부른다. 이 세상에 신비한 일은 없다고 믿지만 한 사람 한 사람의 먼 여행길 같은 인생의 여로를 뒤에서 슬그머니 밀어주는 불가사의한 인연은 틀림없이 존재한다.

불행의 씨앗을
　　　골라내는　　**3**

지혜

냉정하게 생각해 보면 원래 불행의 원인이 될 만한 일은 어디에도 없다. 이를 모르는 것이 우리의 어리석음이며, 이 어리석음이 불행의 원인이 된다.

51
불행의 씨앗을 골라내는 지혜를 갖추다

_사람의 불행에는 두 종류가 있다. 하나는 질병이나 사고, 천재지변 등 좋든 싫든 관계없이 맞게 되는 생리적인 불행이다. 이 불행을 막는 것은 과학기술이 해야 할 일이다. 불교에는 생리적인 불행을 막을 힘이 없다. 마음의 의지처가 되는 것은 가능하지만, 수행의 힘으로 병이나 재해 그 자체를 없애는 일은 불가능하다.

또 다른 종류의 불행은 '인공적 불행'이다. 사람의 어리석음 탓에 스스로 만들어내는 불행이다. 원래 불행의 원인이란 어디에도 없는데 사람이 스스로 만들어내는, 딱하기도 하고 우스꽝스럽기도 한 불행이다. 인공적 불행의 씨앗은 불교에서 없앨 수 있다. 언젠가 신문에서 이런 인생 상담 기사를 읽었다.

"텔레비전에서 어떤 점쟁이가 어느 탤런트의 이름을 듣고 빨리 죽을 운명이라고 말했어요. 그런데 탤런트 이름과 제 이름이 획수까지 똑같지 뭐예요. 그럼 저도 빨리 죽는 것일까요? 너무 무섭고 두렵습니다. 도대체 어떻게 하면 좋을까요?"

괴상한 신비주의에 마음을 빼앗기면 이런 사소한 일로도 무서운 불행이 찾아든다. 시청자 중에 같은 획수의 이름을 가진 사람이 있을 거라는 사실을 알면서도, 불길한 말을 내뱉는 점쟁이는 사악하고 어리석은 자다. 점쟁이의 말을 사실처럼 받아들여 걱정하는 상담자도 안타깝다. 그런데 고민에 대한 상담원의 답이 더 기가 막히다.

"점쟁이가 단명한다고 하면, 그 사실을 받아들이고 짧은 시간이나마 열심히 살아보면 어떨까요? 인생은 길이보다는 질이니까요."

누구든 이런 답을 듣는다면 충격을 받아 정말 빨리 죽을 수밖에 없을 것 같다. 냉정하게 생각해 보면, 원래 불행의 원인이 될 만한 일은 어디에도 없다. 사악한 점쟁이와 신비주의에 빠져있는 상담자, 그리고 무책임한 답을 해준 상담원이 다함께 불행을 만들어내고 있다. 불교는 이런 상황을 가장 혐오한다. '어리석음이 불행의 원인이다'라고 말씀하신 부처님의 생각이 여기에 있다.

비록 극단적인 예이지만 우리는 일상생활 곳곳에서 이런 불행의 씨앗을 계속 만들어내고 있다. 지혜를 찾고 닦아 어리석음을 막으려는 것이 불교의 목적이며 그 길이 곧 수행이다.

52
결론보다
생각의 과정이 중요하다

_ 불교에서는 고통의 원인이 '불합리한 사고'에 있다고 생각한다. 마음을 혼란스럽게 하고 헤매도록 하기 때문이다. 불합리한 사고를 무명無明이라고 한다. 우리는 무명을 피해 언제나 사물을 합리적으로 생각하지 않으면 안 된다. 쉽게 말했지만 실제로는 굉장히 어려운 일이다.

얼마나 어려운지 몇 가지 예를 들어보자. 다음과 같은 주장이 있다. "세계는 시시각각 분열을 반복하고 있으므로 당신 자신도 점차 몸을 바꾸어 분신分身하고 있다. 지금 여기에 있는 당신은 그러한 평행 세계 속에 있는 당신과 똑같은 여러 명 중 한 사람에 불과하다. 다른 세계에는 또 다른 당신이 존재하고 있는 것이다."

상식적으로도 전혀 맞지 않은 있을 수 없는 얘기다. 사람들은 대부분 코웃음을 칠 것이다. 하지만 이 이야기는 '에버렛'이라는 물리학자가 제창한 명백한 물리학 이론이다. '다세계 해석'이라고 한다. 정설은 아니지만 바른 이해와 세밀한 계산 결과 얻은 정당한 이론이며, 많은 과학자들이 인정하고 있다(나도 지지자다). 하지만 아무리 말해도 독자의 대부분은 '바보 같은 생각'이라고 단정 지을 것이다. 이것이 어려운 점이다.

합리적인 것이 결코 상식적이라는 의미는 아니다. 상식을 벗어난 말도 안 되는 생각일지라도 올바른 이론과 검증을 쌓아가면서 얻은 결론이라면 합리적이라고 할 수 있다. 중요한 것은 결론보다 생각하는 과정이다. 바른 과정을 거쳐 얻은 결론이라면, 설령 그것이 일반 상식과 맞지 않다 해도 정당하다.

반대로 따져보자. 가령 겉으로 보기에는 상식적이고 모두가 '그래, 맞아'라고 동의하는 것이라도 과정 중에 광기가 들어 있다면 불합리하다. 전형적인 예가 '음이온은 몸에 좋다'라는 주장이다. 한때 붐이 일어 대형 전기회사에서 음이온을 이용한 제품을 선전했지만 이 주장에는 전혀 근거가 없다. 단지 음이온이 우리 몸에 좋을 것이라고 생각했기 때문에 그렇다고 모두 믿은 것뿐이다. 따라서 음이온을 믿고 건강 제품을 산 사람은 자기도 모르는 사이에 불합리함을 선택한 셈이다.

부처님은 "합리적으로 생각하라"고 말씀하셨지만 실천하는 것은 어렵다. 합리성의 길은 험하다. 가는 곳마다 불합리한 함정들이 입을 벌리고 있다. 바로 거기에 수행이라는 독자적인 정신 단련이 필요하다.

53
무심한 큰 바위에서 역사를 읽다

_ '아쇼카 왕 비문'을 보기 위해 얼마 전 인도에 다녀왔다. 아쇼카 왕은 부처님이 열반에 드신 지 200년이 지난 뒤에 인도를 통치한 왕이다. 젊은 날에는 악행을 저지르기도 했지만 부처님의 가르침을 만나 감동한 뒤로는 진실한 불교 신도가 되었다.

아쇼카 왕이 불교를 옹호한 덕분에 그때까지 변방의 지방 종교에 불과하던 불교가 단번에 대종교로 약진하게 되었다. 아쇼카 왕은 불교의 큰 은인이다. 생전에는 부처님의 유골을 받들어 모신 불탑을 몇 만 개나 세웠다고 전해진다. 그즈음부터 '불교가 있는 곳이라면 어디라도 반드시 불탑이 있다'는 생각이 전승되어 절 안에 탑을 세우는 문화가 발생하였다. 호류지法隆寺의 오층석탑도 근본을 따라가면 아쇼카 왕에 이른다. 아쇼카 왕이 자신의 생각을 새긴 바위도 몇 개나 남아 있는데 그 가운데 해석이 가능한 바위의 문자는 인도에서도 가장 오래된 것이다. 인도 여행의 구체적인 목적은 그 바위 문자를 보러 가는 것이었다.

내가 보고자 한 바위는 콜카타(옛날의 캘커타) 남쪽 평원, 관광객조차 찾지 않는 고요한 땅에 자리해 있었다. 바위 표면에 새겨진 글자를 손가락으로 더듬어 올라갔다. 옛날 그 옛날 인도의 문자는 너무 마모되어 당시 인도인이라고 해도 읽을 수 없을 정도였지만, 1700년 전 프린세프라는 영국학자가 해독하는 데 성공했다. 읽어 보니 거기에는 불교 신도인 아쇼카 왕의 정치 이념이나 정책 방침이 빼곡히 쓰여 있었다. 무엇보다 놀라운 것은 당시 인도의 서쪽에 있는 그리스나 이집트를 다스리던 다섯 왕의 이름이 기록되어 있다는 것이다.

이것은 굉장한 일이다. 인도에는 역사 연대를 기록하는 습관이 없어 어떤 사건이 언제 일어났는지 그 시기를 알아내는 것이 불가능하다. 반면 그리스에는 연대에 관한 기록을 명확히 남기고 있다. 따라서 바위에 새겨진 다섯 왕의 생존한 시기를 알 수 있었고, 아쇼카 왕이 재위에 오른 연대도 자연스럽게 알 수 있었던 것이다. 만약 바위 문자를 풀지 못했다면 아쇼카 왕이 어느 시기에 재위했는지는 아직도 베일에 싸여 있을 것이다.

아쇼카 왕은 기원전 3세기 인물이었다. 이것은 고대 인도 역사 속에서 연대가 밝혀진 유일한 예다. 평원에 무심하게 덩그러니 놓여 있는 큰 바위가 이렇게 멋진 역사를 생생하게 전하다니! 인도는 몇 번을 가도 질리지 않는 희한한 나라다.

54
무엇이 나를 살아가게 하는가

_ 한창 전쟁 중이던 시기에 "사치는 적이다"라는 표어가 널리 쓰였다. 국민의 관심을 전쟁에 집중하게 만드는 얄미운 표현이지만 곰곰이 생각해 보면 그렇게 나쁜 말은 아니다.

지나치게 비싼 학용품을 가지고 다니는 아이에게 나무라는 대신 "사치는 적이란다"라고 말하면서 이해를 구한다거나, 당뇨병에 걸렸는데도 고급요리만 찾는 사람에게 "사치는 해가 됩니다"라는 말로 건강에 안 좋다고 설명해주면 효과가 있다.

이 표어가 이렇게 폭넓게 쓰일 수 있는 것은 문장에 확실한 규정어가 들어가 있지 않기 때문이다. 누구에게 어떤 이유로 사치가 적이 되는지 이유를 말하지 않았으므로 어디에도 적용할 수 있는 것이다. 이는 무서운 일이다. 표어는 짧은 문장인 만큼 중요한 정보를 생략해 버리므로 의미가 모호해진다. 엄밀한 의미가 크게 상실되는 것이다.

　불교계의 인기 있는 표어 중에 '살아지는 나'라는 말이 있다. 여기에는 주어가 없다. 무엇이 나를 살아가게 한다는 말인가. 그것이 문제다. 창조주가 나를 살아가게 하는 것이라면 그리스도교나 이슬람교처럼 일신교가 된다. 그렇지 않다면 무엇인가? 선조들의 영혼이 초능력자의 스승이라도 되는가? 바로 그 지점이 종교의 갈림길이며 중요한 요점의 분기점인데, 그것을 알 수 없다. 그러니까 그 문장은 어떤 종교에도 대입하여 사용할 수 있다. 그런 의미에서 이 문장은 뭔가 말하고 있는 듯하지만 실제로는 아무것도 말하고 있지 않는 것과 같다.

　'살아진다'는 수동형은 내 몸의 무력함을 깨닫고 겸허해지게 만드는 좋은 말인지 모르지만 경우에 따라서는 사람의 의지를 무력화하고 세뇌시키는 흉기가 되기도 한다.

표어란 사람의 마음을 움직이는 편리한 도구다. 그러나 어디까지나 단순한 줄임말일 뿐이다. 반드시 그 너머에 있는 진정한 의미를 좇아가야 한다. '살아지는 나'라는 표어를 사용하는 것은 조금도 상관없다. 하지만 '나를 살게 하는 것은 무엇인가'를 이해하고, 사람들에게 자세하게 설명할 의무가 있다. 설명도 할 수 없으면서 '어딘지 모르게 종교적 분위기가 있어서 편리하니까'라는 기분에 빠져 사용한다면 매우 위험한 기만이다.

종교인의 말에는 항상 중대한 책임이 뒤따른다는 것을 잊지 말아야 한다.

55
소승불교에 대한 오해

_ 불교는 크게 소승과 대승, 두 가지로 나눈다. 스리랑카나 태국 같은 남방국가는 소승불교, 일본과 한국은 대승불교이다. 역사 교과서를 보면 '소승불교는 개개인이 자신의 구제를 목적으로 하지만, 대승에서는 자신의 구제뿐만 아니라 세상의 모든 생명을 구하고자 한다'라고 되어 있다. 이 말만 보면 대승이 훨씬 더 훌륭하다. 자신을 구제하는 것밖에 생각하지 못하는 이기적인 소승보다 모두를 생각하는 대승이 더 낫다는 것은 일반적인 사실로 받아들여진다.

한편 역사적으로 보았을 때 소승이 대승보다 훨씬 오래되었다. 이는 여러 불교학 연구에서 입증된 사실이다. 이기적이고 좁은 소견을 지닌 소승불교가 후대에 와서 마음 넓은 대승불교가 되었다는 것이다. 그런데 불교를 창설한 것은 석가모니이다. 부처님께서 만드신 것은 소승불교다. 과연 부처님이 이기적이고 소견이 좁은 사람이었다는 것일까?

소승과 대승을 비교할 때 결코 잊어서는 안 될 것이 있다. 부처님은 이 세상에 초월자가 없다는 것, 인간을 구제해줄 만한 절대적인 힘이 존재하지 않는다는 사실을 깨달았다. 그리고 '그렇다 해도 세상의 고통에서 벗어나는 방법은 있지 않을까' 하는 생각에서 스스로 자기 자신을 구제할 방법을 발견했다. 그것이 소승불교가 되었다. 결코 나 이외의 다른 사람을 무시한 것이 아니다. 부처님은 자신이 발견한 깨달음과 그 깨달음에 이르는 법을 모두에게 가르쳐주며 "함께 하자. 그대들도 정진하라"고 격려해 주셨다. 절대적인 존재가 없는 세계에서 모두를 구하기 위해서는 그 밖에 달리 방법이 없었기 때문이다.

그리고 세월이 흘러 대승불교가 발생되면서 점차 신비적인 요소가 더해지게 되었다. 인간을 도와줄 불가사의한 힘이 존재하며, 그 힘이 많은 사람들을 구제해 준다는 사상이다. 이렇듯 대승불교는 구제할 사람들의 범위를 크게 넓힌 것이다.

소승은 세상을 신비로움이 없는 법칙의 세계로 보고 그 속에서 자기 구제를 목표로 하는 길이다. 대승은 그 법칙성을 넘어 자비에 입각한 신비로운 작용을 믿고 그것에 의존하여 구제되기를 바라는 세계다.

어느 쪽의 가르침이든 사람마다 끌리는 마음이 다를 것이다. 다만, 소승불교가 이기적이고 편협한 가르침은 아니라는 것만은 알아야 한다. 점점 자신을 잃어가는 현대 사회에서 소승의 가르침 또한 인생의 귀중한 길라잡이다.

56
경전의 차이를 알면 불교가 보인다

_ 불교에는 '경經'이 있다. 부처님께서 제자들에게 말씀하신 깨달음을 위한 안내서다. 지금도 인도어, 한문, 티베트어 등 여러 가지 언어로 쓰인 것이 남아 있다. 일본 스님들이 법회에서 읽는 것은 한문판이다. 전부 모으면 일반 책자로 적어도 7~8만여 쪽에 이른다.

이것이 모두 부처님의 말씀이면 좋겠지만, 안타깝게도 실제로는 대부분 부처님 열반 후 오랜 세월 동안 많은 사람들이 완성한 것이다. 경은 '부처님의 가르침'이라는 스타일을 취하면서도 실은 셀 수 없을 정도로 많은 무명의 저자가 자기의 생각을 덧붙인 수천 년간에 걸친 활동의 집적이다. 대승불교도 그러한 흐름 속에 나타난 새로운 운동이다.

방대한 양의 경전을 자세히 살펴보면 오래된 것과 새로운 것을 구별할 수 있다. 먼저 시대 순으로 따졌을 경우 제일 오래된 경이 부처님의 말씀과 가장 가깝다고 할 수 있다. 물론 그 또한 2600년 전 부처님께서 하신 말씀인지는 정확히 알 수 없지만 불교의 근원이 되는 것만은 분명하다. 나는 오래된 시대의 경전일수록 마음이 끌린다.

사실 근년에 와서야 '경전의 역사'를 알게 되었다. 그 전에는 '경은 전부 부처님의 가르침'이라고 믿었다. 8만 쪽 분량의 경을 부처님이 직접 설했다고 생각한 것이다. 그러나 전부 부처님의 가르침에도 불구하고 비교해 보면 서로 맞지 않는 경우가 많았다. 지금이야 경전의 발전 과정을 이해하고 있으므로 당연하게 받아들이지만 옛날 사람들은 무척 곤혹스러워했다. 그래서 가장 마음에 든 경전을 골라 '나는 이것을 믿는다. 이것이야말로 진정 부처님께서 말씀하려 하신 내용이다'라고 각자 주장하기 시작했다. 어떤 경을 고르지 사람의 취향마다 다르기 때문에 결과적으로 여러 유파가 나타나게 되었다. 불교 종파가 생겨나기 시작한 것이다. 종파에 따라 독송하는 경전이 달라지는 것도 이 때문이다.

불교의 역사를 보면 한마디로 불교라고 말해도 내실은 천차만별이라는 것을 알 수 있다. 어떤 경전을 믿는가에 따라 사상과 활동이 전혀 달라진다. 그 '경전의 차이'를 바르게 이해해야만 비로소 불교 세계의 전체 모습이 보일 것이다

57
종교는 어디까지나 나의 선택일 뿐이다

_ 유대교나 그리스도교, 이슬람교는 형제 종교다. 믿고 있는 신의 원류를 따라가면 모두 같다. '같은 신이라면 한 종교가 아닐까, 무엇이 다른가?'라고 반문하게 된다. 가장 큰 차이점은 누가 신神의 말씀을 올바르게 전했는지에 따른 전달자의 차이에 있다.

유대교에서는 신의 말씀을 전하는 자를 예언자라고 부른다. 사람들은 그의 가르침에 따른다. 예언자의 말이 곧 '신의 말씀'이다. 그리스도교에서 신의 말씀을 전달하는 자는 말할 것도 없이 예

수, 이슬람교라면 무함마드이다. 세 종교가 각기 '우리의 전달자만이 신의 말씀을 바르게 전달했다'고 생각하여 그의 말을 절대적으로 신뢰한다. 똑같은 한 사람의 신을 두고 '우리야말로 본가本家다'라고 주장하는 셈이다.

석가모니 불교는 절대신을 인정하지 않으므로 신의 말씀은 없다. 부처님이 말씀하신 것은 스스로 생각하고 스스로 발견한 깨달음의 길이다. 그것을 모두에게 전하기 위하여 불교를 만들었다. 불교는 석가모니라는 한 인간이 만들어낸 종교이다. 높고 높은 저 하늘 위에서 전 세계를 내려다보며 '이것은 해라, 저것은 하지 마라'라고 지시하는 신의 시점이 아니다. 불교의 시점은 항상 '나', 자신의 내부에 있다. 구원의 손길을 뻗어주는 초월자가 없는 무정한 세계에서 자신의 노력에만 의지하여 생을 완성해야 한다. 여기에는 장엄한 신전이나 천국의 이미지와는 아무런 인연도 연고도 없다.

이 세상에 초월자가 있다면 그분의 말씀을 우리에게 전달해줄 그리스도교나 이슬람교는 강력한 인생의 아군이 된다. 자신의 힘만으로 어떻게든 해보겠다고 생각하는 부처님의 가르침은 오만한 자만이 되는 것이다. 그런데 초월자가 없다면 그때는 부처님의 가르침밖에 없다. 느릿느릿 검소한 수행의 길이지만, 걸어 보면 반드시 앞이 보인다. 부처님이 실제로 걸어 보이신 길이다.

나는 부처님을 택하겠지만 어디까지나 나의 선택일 뿐이다. 이 세상에 초월자가 있다고 생각하거나 없다고 생각하거나, 개성이나 운명에 따라 고르는 길도 각양각색이다. 다만 종교 세계에도 다양한 삶의 태도나 사고방식이 있다는 것을 알고 있으면, 나와 세상을 보는 시야가 훨씬 더 넓어질 것이다.

58
진짜 종교인지 알려면 운영 과정을 보라

_ 대부분의 독자들은 이 책의 저자인 내 얼굴을 모른다. 내가 어떤 성격이고 어떠한 신조를 가진 인간인지, 나의 참모습에 대해서는 알 리 없다. 많은 책을 펴내고 훌륭한 문장을 쓴 저자라고 해도 훌륭한 사람이라는 보증은 없다. 내가 어느 정도의 인간인지 본성을 알기 위해서는 나의 실생활을 보는 것 말고는 방법이 없다.

같은 얘기를 종교에 빗대서도 말할 수 있다. 고마운 가르침이나 마음에 울림이 있는 문장이라면 경전이나 성서를 이용하여 잠간 머리만 굴리면 간단히 만들어낼 수 있다. 그것을 간판으로 내세우면 어엿한 종교 단체가 된다. 교의敎義에 나름대로 매력만 있다면 사람들을 하나둘 끌어들여 커다란 교단으로 의기양양하게 활약할 수도 있을 것이다. 하지만 그 사실만으로 그 종교가 만인을 생각하는 훌륭한 종교라는 증거가 되지 않는다. 사람처럼 종교도 실체를 보지 않는 한, 그 종교의 본성을 알 수 없는 것이다.

종교의 실체란 무엇인가. 그것은 '운영'이다. 주의할 점을 몇 가지 말해 보겠다.

① 종교 단체가 어떤 수단으로 자금을 조달하고 어디에 쓰고 있는가. 그리고 그 내역을 어느 정도 사회에 공개하는가.

② 교단의 논의 사항을 어떤 과정과 시스템으로 결정하는가.

③ 교단 일반사회에서 비판받을 때 어떤 자세로 대처하는가.

④ 정치와 어느 정도 관계를 유지하려 하는가.

이렇게 현실적인 운영에서 따져 보면 그 종교가 가진 본성이 보인다. 지금도 많은 이들은 옴진리교 사건을 떠올린다. 위 조건으로 따져 보면 옴진리교는 상식에서 크게 벗어나 있다. 당시 젊은이들은 옴진리교의 본성을 따지지 않고 그저 간판에 끌려 함정에 빠지듯 심취하고 말았던 것이다.

사회를 향해 종교의 본성을 있는 그대로 똑바로 공개하는 것은 종교 단체가 가져야 할 최소한의 의무다. 이 의무를 지키지 않는 종교는 어떤 사회적 기준의 처분을 받아야 한다. 그래야만 비로소 '두려움 없는, 존재 가치 있는 청결한 종교'로 발전한다.

59
타인에게 가르침을 전할 때는 신중하고 조심스럽게

_ 종교 단체는 열심히 포교하고 전도 활동을 벌인다. 무엇을 위한 포교일까. 절대자를 신앙하는 종교에서는 절대자가 하늘의 목소리로 '나의 가르침을 세상에 전하라'고 명하는 경우가 많다. 가르침을 전하는 것 자체가 절대자에게서 부여받은 사명인 셈이다. 신자는 사명을 달성하기 위하여 목숨을 걸고 포교한다. 상대방이 불쾌해하든지 싫어하든지 전혀 문제되지 않는다. 아무튼 가르침을 전하는 행위 자체가 자신들에게 행복을 안겨주는 종교 활동이다.

어떤 이들은 부탁하지도 않았는데 자기 혼자 은혜를 베풀고 생색내고 밀어붙이며, 쓸데없이 뻔뻔스럽게 참견한다. 게다가 온화해 보이도록 의도한 표정과 여러 가지 버릇까지, 어딘지 어색한 기분이 드는 종교 집단이다. 밑바탕에는 성실함이 깔려 있지만 그것은 포교할 상대에 대한 성실함이 아니라 포교를 지시한 절대자에 대한 성실함이다. 결코 상대를 생각해서 포교하는 것이 아니다.

물론 불교도 포교를 중시한다. 부처님도 "가르침을 전하라"고 말씀하셨다. 그러나 "포교를 하기 위해 깨달아라"라고 말씀하시지 않았다. 깨닫기 위해 포교를 하는 것이 아니다. 단적으로 말하자면 포교한답시고 밖으로 돌아다닐 시간 있으면, 그 시간에 자기 수행에 힘쓰는 편이 훨씬 낫다. 실제 그 길을 걸으며 평생 수행의 한 길만을 걷는 스님도 많다.

그런데도 부처님이 포교를 말씀하신 것은 온전히 현실적인 이유에서다. 첫째는 자비심 때문이다. 많은 사람들에게 불교의 길을 걷게 하고픈 간절한 바람에서다. 두 번째는 승단 유지를 위해서다. 스님은 자녀가 없기 때문에 늘 새로운 구성원을 밖에서 들이지 않으면 승단을 유지할 수 없다. 새 구성원을 모집하기 위한 수단이다. 세 번째는 보시를 받기 위해서다. 가르침에 감격한 사람이 신도가 되고 음식물이나 필수품을 보시한다. 모든 일을 포기하고 수행 생활에만 전념하는 출가자는 '사람들에게 받아서 먹는 것' 외에 달리 길이 없다.

절대자의 지시에 따라 상대방을 고려하지 않고 목숨 걸고 포교하는 사람들과 비교한다면, 불교의 포교 의욕이 훨씬 약하다. 그러나 다른 관점에서 보면 포교 상대의 얼굴을 보고 개개인의 상황을 헤아리면서 신중하게 활동할 수 있다.

그리고 그런 온건한 자세가 일반 사회와 평화적인 공존을 가능하게 한다. 자기만족을 위한 과격한 포교에만 매달린다면 그 자체로 부처님의 가르침을 깨뜨리는 것이다.

60
치밀하고 합리적인 율로 자유로워지다

_ 우리가 법을 지키는 것은 이익이 많기 때문이다. 그 중 하나가 다음과 같다. '법률을 지키고 있으면 행위의 옳고 그름을 하나하나 스스로 판단하지 않아도 되므로 생활에 여유가 생긴다.'

법률이 없다면 어떤 행동을 할 때마다 '이것을 하면 이렇게 되고 저렇게 되어서 결국에는 이런 결과가 나오니까 해야겠다'라고 스스로 판단하지 않으면 안 된다. 그래서 스트레스가 쌓인다. 앞일을 생각하는 것만으로도 골치가 아프다. 법률이 있으면 그에 비춰

'법률로 금지되어 있으니 그만둬야겠다'라고 간단히 결론지을 수 있다. 그만큼 마음에 여유가 생겨 보다 창조적으로 활동할 수 있다. 불교는 바로 이 방향을 택했다.

수행이라는 극히 고도의 정신 활동을 실현하려면, 일상생활의 여러 규범들이 방해가 된다. 이를 막기 위해 독자적인 법률을 만들었다. '무엇을 입고 무엇을 먹을 것인가?' '돈은 어떻게 다룰 것인가?' '신도들과의 관계는 어느 정도 유지할 것인가?'라는 것처럼 모든 행동에 관하여 치밀하고 합리적인 법률을 만든 것이다.

출가자를 위한 법률이 바로 '율律'이다. 출가자들은 율의 규칙을 외우고 그에 따라 행동한다. 규칙대로만 행동하면 자연히 '올바른 스님'이라고 인정받을 수 있다. 바른 스님이 되기 위하여 구태여 다른 방법을 찾아다닐 필요가 없다. 오로지 율만 지키면 된다. 이런 단순한 생활이 스트레스를 줄여주고, 자연히 마음의 에너지도 충전시켜 준다. 그 에너지를 출가의 목적인 '수행'에 집중하는 것이다.

일본에는 천하의 명승 감진鑑眞 화상이 율을 전하였다. 그러나 승려를 국가의 관리 아래 두고 싶어 한 당시 정권은 승단의 독자적 법률인 율이 정권에 방해가 된다고 생각했다. 그 뒤 일본 불교에서는 율을 경시하게 되었다. 감진 화상이 가져온 율은 지금도 율종사원인 도쇼다이지^{唐招提寺}나 사이다이지^{西大寺}에 전해진다. 다른 종파에는 거의 보이지 않는다.

일본 승려는 대부분 율과 무관하게 생활하고 있다. 이것은 일본 불교만의 특수한 사정일 뿐 일본 이외의 불교국가에서는 대부분 율을 경전처럼, 혹은 그 이상으로 중요시하고 따른다. 분명한 것은 율을 지키는 사람만이 스님으로서 인정받을 수 있다는 것이다. 율은 불교의 큰 기둥이다.

불교는 고마운 가르침만으로 이루어진 것이 아니다. 올바른 행동 방향을 설정하는 '율'이라는 법률이 불교의 밑둥을 지탱해주고 있다.

61
법이 자긍심 있는 인생을 만든다

_ 불교 수행자는 매우 약한 존재다. 수행을 위해 모든 것을 버리고 출가한 몸이기 때문에 자력으로 살아갈 방도가 없다. 식료품부터 생활에 필요한 모든 물자를 걸식으로 얻을 수밖에 없다. 출가는 일반 사회에서 받는 보시만으로 생명을 이어가는 완전히 의존형 인간이 된다는 뜻이다. 이는 부처님이 결정하신 것이다. 부처님은 말씀하셨다.

"세상 사람에게 받는 최소한의 보시로 생활하며 자기 단련의 길을 오롯이 걷는다."

탁발도 제대로 못 하고 사람들에게 무시당해도 꾹 참고 오롯하게 수행하라. 스스로 선택한 길이니 자긍심을 가지고 걸어가라고 하셨다. 돈도 힘도 없고 볼품없는 옷까지 세간의 눈으로는 아무 쓸모없는 출가의 몸일지라도, 스스로 비하하지 말고 가슴을 펴고 걸어가라고 가르치셨다.

그런데 아무것도 내세울 게 없는데 도대체 무엇을 의지하며 가슴을 펴라고 하시는 걸까. 그 말에 담긴 뜻은 이렇다. '부처님이 발견하신 자기를 향상하기 위한 최상의 길을 나는 실천하고 있다. 가장 올바르고 바람직한 삶을 살아가고 있다'라는 자부심이다. 그 자부심이야말로 강한 마음의 의지처가 되는 것이다.

이렇듯 강한 마음으로 당당하게 살아가더라도 주위 사람들에게 '뭐야. 그저 일하기 싫어하는 게으름뱅이 주제에'라며 무시당할지도 모른다. '아니다. 이 길은 내 자신의 의지로 선택한 것이다. 어렵지만 귀한 길이다'라고 증명하기 위해서는 입이 아니라 진정한 생활 태도로 보여 줄 수밖에 없다. 바로 거기에서 율의 존재가 필요하다.

몇 백 가지 항목에 이르는 율을 올바르게 지키고 누가 보아도 청렴한 생활태도로 '저 스님은 참 훌륭하신 분!'이라고 모두 감동하는 모습으로 살아가는 것이다. 바른 몸가짐과 태도야말로 출가자의 뜻을 표명하는 길이다. 율은 수행자가 자긍심을 지니고 사회에서 살아가기 위한 중요한 기반이다.

이것은 일반 법률에서도 마찬가지다. 법률은 사람의 행동을 묶는 족쇄가 아니다. 법률을 지킴으로써 자신의 고결함을 몸으로 보여줄 수 있는 중요한 지표다. 법이 사람을 키운다. 법률을 지킴으로써 '자긍심 있는 인생'을 부여받는다.

62
불교의 DNA는 율 속에 담겨 있다

_ 불교 수행자는 율이라는 독자적인 법률을 지키며 생활한다. 율은 거대하고 치밀한 법체계다. 율장에 '사람을 죽이면 승단에서 영원히 추방한다'라는 조문이 있다. 법률에서 중요한 것은 구체적인 용례인데 이 조문은 너무 간단하다.

사람을 죽이지 마라고 한다면 실례를 들어 설명해야 한다. 따라서 그 조문 뒤에는 살인에 대한 여러 가지 구체적인 방법을 소개하고 각각의 내용에 대한 죄의 경중이 정해져 있다. '직접 손을 써서 죽인다', '다른 사람을 시켜 죽인다', '죽으면 편안해진다는 말로 홀려서 자살을 권한다' 등이다.

그 가운데는 고대 인도만의 놀랄 만한 이야기도 들어 있다. 사람을 죽이려고 마음먹은 나쁜 스님이 무덤에서 주문을 외워 사체를 되살려 그로 하여금 사람을 죽이게 하는 방법도 그 중 하나다. 좀비를 이용한 살인이다. 만약 좀비가 사람을 죽였다면 스님에게는 살인죄가 적용된다. 죽이려는 상대가 좀비를 물리쳐 계획이 실패로 돌아갔다면 살인 미수죄로 죄가 조금 가벼워진다. 주문을 잘못 외우는 바람에 좀비가 엉뚱한 사람을 죽였다면 이 또한 살인 미수죄가 된다. 고대 인도에는 이런 얘기가 산더미처럼 전해진다. 율은 구체적 사례의 보고다. 또한 당시 인도의 세계관이나 생활 모습을 알기 위한 훌륭한 자료가 된다.

예로부터 불교 승단에는 반드시 율이 계승되었다. 율은 엄격한 법률이므로 한 종류밖에 전해지지 않는다. 하나의 승단에서 두 종류의 법률을 갖는 일은 있을 수 없다. 이는 곧 지난 2천 몇 백 년 동안 불교 세계에 동일한 율이 면면히 전해졌다는 얘기다. 하지만 실제로는 내부 분열 등 무수한 역사적 변화로 율도 다양하게 변화되었다. 그 차이야말로 불교 조직이 긴 시간 속에서 어떻게 변하고, 어떠한 과정을 거쳐 오늘에 이르렀는지 알 수 있는 역사의 흔적이다.

이는 생명체가 가진 DNA와도 같다. 생명이 탄생한 이래 끊어지지 않고 전해진 DNA는 지금도 우리 세포 속에 존속한다. 거기에 생명의 역사가 새겨져 있다. 다양한 생명체가 가진 DNA의 차이점을 비교해 보면 생명체가 과거에 어떤 과정을 거쳐 변하고 분열했는지 알 수 있다. 예를 들면 '고릴라와 침팬지는 어느 쪽이 인간에 더 가까운가?'라는 의문도 DNA의 친밀도를 비교하여 확실한 결론을 얻을 수 있다(답은 침팬지!). 그와 같은 의미에서 율은 불교의 역사를 알기 위한 귀중한 정보원이 된다.

나는 이런 재미에 이끌려 계율을 연구하게 되었다. 아직도 계율에는 수많은 수수께끼가 숨어 있으며 불교 세계에서 가장 흥미로운 영역 가운데 하나이다. 다음 장에서 율에 관한 좀 더 재미있는 이야기를 소개하겠다.

63
율, 인간의 생생한 활동사를 읽다

_ 율은 두 부분으로 이루어져 있다. '스님은 이러이러한 것을 해서는 안 된다'라는 금지 조항과 '스님은 이러한 경우에는 이렇게 해야 한다'라는 행동 지침 항목이다. '해서는 안 되는 것'과 '하지 않으면 안 되는 것', 두 가지 방향을 제시하고 있다.

금지 조항에 관한 율은 200가지 이상이다. 그리고 어겼을 때마다 반드시 벌칙이 정해져 있다. 제1조에는 '승려는 결코 성행위를 해서는 안 된다'라고 되어 있다. 스님이 평생 독신을 지키지 않으면 안 되는 이유가 여기 있다. 이 규칙을 깨면 불교승단에서 영원히 추방당한다. 그 밖에도 '훔치지 마라', '사람을 죽이지 마라', '깨닫지도 않았으면서 깨달았다고 말하지 마라'라는 항목이 계속 이어진다. 또 항목마다 구체적인 예가 들어 있다. 이를 읽으면 당시 인도의 생활상을 손에 잡힐 듯 이해할 수 있다. 이상하다고 여길지 모르지만, 당시 인도인이 생각한 여러 가지 유형별 '성행위', '도둑질', '살인', '거짓 깨달음' 등 나쁜 예가 속편의 속편 격으로 망라되어 있다.

재미있는 예를 하나 들어보겠다. 병에 든 고급음료를 빨대를 이용하여 훔쳐 먹을 경우 음료수가 빨대를 타고 올라오고 있을 때, 즉 아직 입에 도달하지 않았다면 '미수죄'다. 입 속에 들어갔을 단계에서도 '미수죄'다. 그러나 꿀꺽~ 하고 음료가 목구멍을 넘어가면 '절도죄'가 되어 영구히 추방당한다. 왜? 목구멍으로 넘기기 전이라면 다시 병 속에 돌려 넣을 수 있기 때문이다. 킥킥, 웃으면서 다음 장을 넘겨 보다가, 당시 인도인이 좋아하는 고급요리가 무엇인지 새로운 정보도 알게 되었다.

율장에는 당시 스님들과 재가 신도의 모습이 생생하게 그려져 있어 몇 번을 읽어도 질리지 않는다. 생물학에서 말하는 DNA처럼 불교의 역사를 알기 위한 귀중한 정보로써 사용되기에 더 재미있게 느껴지는지도 모르겠다. '율은 재미있다'라고 줄곧 말해 왔는데 최근에는 율을 연구하는 젊은이들도 점점 늘어가고 있다. 율을 배우면서 '불교는 단순히 철학이나 사상뿐만 아니라 살아 있는 인간이 만든 활동하는 세계다'라는 것을 이해해 주기 바란다.

64
승僧은 수행 시스템이다

_ 쇼토쿠 타이시聖德太子는 헌법 17조 속에 '열렬히 삼보를 공경하라. 삼보란 불, 법, 승이다'라고 말하였다. 불佛은 부처님을 말한다. 진짜 살아 있는 부처님을 만날 수는 없으므로 대신 불상에 예를 표한다. 다음의 법法은 부처님이 설하신 가르침(다르마), 즉 경經이다. 경을 소중히 읽고 따르라는 의미다. 그렇다면 세 번째인 승僧은 무엇인가.

승을 스님이라고 생각하는 사람이 많지만 본래 의미는 다르다. 스님은 '비구(남성 출가자), 또는 비구니(여성 출가자)'를 말한다. 승은 스님 한 사람 한 사람을 말하는 것이 아니라 스님들이 모여서 만든 집단(승가)이다. '승이란, 4인 이상의 비구 혹은 비구니로 구성된 집단을 가리킨다'라고 명확하게 정의를 내린 예도 있다. 4인 이상의 비구나 비구니가 모여서 율 규칙을 정확히 지켜가며 올바른 수행 생활을 하는 상태의 커뮤니티를 승이라고 부르는 것이다. 그러한 의미의 승이 삼보 중 하나라는 것은 불교가 한 명 한 명의 승려보다 집단으로서의 승을 더 중시한다는 뜻이다.

석가모니 불교의 기본은 출가하여 수행하는 것에 있다. 사람들에게 일상생활용품을 공양 받아 아슬아슬하게 생명을 이어가며 수행에 매진한다. 삶의 목표를 '수행' 한 가지에만 초점을 맞춘 극한의 생활이다. 당연한 말이지만 여기에는 시간 낭비가 용납되지 않는다. 수행에 효율이 높은 생활 스타일이 필요하다. 그래서 '승'이 만들어졌다. 다시 말하면 많은 스님들이 한 곳에 모여 서로 도와가며 함께 수행하는 집단생활 방식이 필요했던 것이다.

독신생활을 하다 보면 날마다 잡일로 시간을 빼앗기게 된다. 덜컥 병에 걸리거나 노화로 인해 몸이 약해지면 수행도 끝이다. 하지만 집단생활을 하게 되면 분담제로 일을 나누게 되어 해야 할 일도 줄고 젊고 건강한 구성원이 약한 사람을 돌봐주는 형태로 모두가 수행을 계속해나갈 수 있다. 승단의 제도는 자력으로는 살 수 없는 출가자들이 수행 생활을 유지하기 위한 매우 합리적인 상호부조의 시스템인 것이다.

    승은 삼보의 하나다. 즉 스님을 공경하는 것이 아니라 수행에 전념하는 스님의 모습을 존경한다는 의미이다.

65 탁발 면허증으로 스님을 공경하다

_ 불교에서 출가를 하면 제일 먼저 자신의 모습을 바꾸지 않으면 안 된다. 남자도 여자도 머리를 삭발하고 황톳빛으로 물들인 변변찮은 세 가지 옷(삼의)을 입는다. 그리고 손에는 발우를 든다. 자주 보는 미얀마나 태국 스님들의 모습이다.

머리를 깎는 것은 '나는 보통 사람이 가지는 얼굴 생김새의 매력을 모두 버렸습니다. 속세의 가치관을 떠난 인간입니다'라는 메시지다. 황톳빛 옷은 '일을 하지 않기 때문에 새옷을 살 수 없습니다. 길가에 떨어진 진흙 묻은 누더기 천을 입고 생활하고 있습니다'라는 생각을 표현한다. 발우는 '일을 그만두고 수행을 합니다. 먹고 살 길이 없으므로 모두가 먹다 남긴 공양물을 여기에 받아 그것만으로 살아갑니다'라는 생활 방침을 나타낸다.

이처럼 불교의 승려는 세속을 버린 생활 방식을 차림새를 통해 주위 사람들에게 보여준다. 일반인들은 그 모습을 보고 '아아, 이 사람은 분명 출가한 스님이다. 훌륭한 분임에 틀림없다'라고 안심하며 공양을 올린다. 이러한 독특한 승려의 모습에는 바로 정진정명正眞正銘의 불교 수행자임을 나타내는 '탁발 면허증'의 의미가 담겨 있다.

그런데 옛 기록에 보면 '겉모습만 스님 모습을 하고 출가자인 척하며, 약삭빠르게 공양 분배에 한몫 끼는 가짜 스님이 있었다'고 쓰여 있다. 어느 세상에든 조금은 교활한 인간이 있기 마련이다. 세상일에 닳고 닳아 교활해진 사람에게는 승려의 차림새가 사기 수단으로 이용되지만, 그들이 결코 흉내낼 수 없는 것이 있다. '바른 행동, 바른 언어 그리고 실제 수행에 힘쓰는 성실한 뒷모습'이다.

그러한 수행자의 모습이야말로 승려의 중요한 면허증이다.

승려의 차림새와 겉모습이 중요하지만 단지 보여주기만을 위한 것이라면 공허할 뿐이다. 그것은 마음이 담긴 차림새여야 한다. 진지한 마음가짐도 없는데 겉으로만 승려의 모습을 보여주고 보시를 받는다면 무면허 운전이나 다름없다.

율에는 가짜 스님이 들통 나면, '이후 정식 수속을 밟아 출가해도 허락하지 않는다'는 결정이 내려졌다. 즉 한 번 사기행위를 하고 나면 그 뒤 성실한 자세로 진짜 스님이 되려고 해도 용납하지 않는다는 것이다. 옛날 고대 인도에서도 겉모습만으로 보시를 받고자 한 무리는 용서받기 어려운 존재였던 것이다.

내면과 외면, 모두 올바르게 다스려야만 비로소 훌륭한 스님이라 할 수 있다.

66
동남아시아에는 왜 비구니가 없을까

_ 불교는 매우 훌륭한 종교라고 생각하지만 완벽한 종교는 아니다. 결점도 있다. '율' 규칙 중에는 '승려가 되기 위해서는 10인 이상 동성의 승려에게 허락을 받지 않으면 안 된다'는 항목이 있다. 남자는 10인 이상의 비구가 '좋다'고 하지 않으면 스님이 될 수 없다. 여성은 10인 이상의 비구니의 '허락'이 필요하다. 동아리에 들어갈 때 하는 면접 조사와도 같다. 그런데 여성의 경우 10인 이상 되는 비구니의 허락을 받은 후에 다시 10인 이상의 비구에게 허락을 받을 필요가 있다. 분명한 남녀차

별이다.

'10인 이상의 남녀 스님이 동의해야 스님 자격을 주고 승단에 들어오게 한다'라고 하는 이 결정은 언뜻 보기에는 대수롭지 않은 규칙으로 보인다. 하지만 만약 어떤 사정으로 스님의 숫자가 줄어 열 명이 안 되면 어찌 되겠는가. 허락 받을 스님의 숫자가 부족하다면 더 이상 누구도 스님이 될 수 없다는 말이다. 당연히 승단은 망하게 되고 다시 부활할 수 없게 된다. 실제로 10세기 즈음 이런 일이 일어났다.

스리랑카를 중심으로 한 남방국가에서 정세가 혼란스러워지자 점차 승려의 숫자가 줄어갔다. 비구니의 숫자가 10인을 넘지 못하게 되자 여성 승단이 소멸하고 만 것이다. 놀라운 점은 그 뒤 1000년이 지난 지금까지 스리랑카, 태국, 미얀마에 정식 비구니가 존재하지 않는다는 것이다. 부처님이 애써 설한 깨달음의 길이 여성에게는 닫혀버린 것이다. 최근 동남아시아 불교권에서는 어떻게든 이 문제를 해결하려고 하지만 풀어야 할 문제가 산더미 같다.

'규칙을 정확하게 지키는 한, 여성은 결코 출가할 수 없다.' 수행 생활을 원활하게 하기 위해 정한 율의 규칙이 오히려 방해가 되어 여성을 수행할 수 없도록 한 것은 커다란 모순이다. 지금 당장 필요한 것은 규칙의 개정이다. 옛날 규칙이 여성을 불행하게 만든다면 새로운 규칙으로 바꿔야 마땅하다. 하지만 '부처님이 정하신 것은 절대적이다'라는 신앙심이 이를 허락하지 않는다.

만약 율 속에 조문 개정을 위한 적절한 절차가 정해져 있다면 이런 문제가 일어나지 않았을 것이 분명하다. 지혜로운 부처님은 이런 사태까지도 염려하여 '내가 죽고 나면 적당한 때에 율 조문을 바꾸어라' 하는 말씀을 남기셨는데 구체적인 변경 방법까지 말씀하지 않으셨다. 이 부분이 실패였다.

부처님이 돌아가신 뒤 당혹스러웠던 제자들은 '교조의 말씀이니 일체 변경하지 말고 그대로 두자'고 말하며 율을 '변경이 불가능한 법률'로 만들고 말았던 것이다. 그로 인해 1500년이나 지난 오늘 비구니 승단의 문제로 드러나고 있는 것이다.

남방불교가 안고 있는 이 문제를 해결할 수 있는 길은 멀기만 하다. '부처님이 정한 것이라 해도 규칙은 시대에 맞게 변해야 한다. 그러니 모두 지혜를 모아 어떻게 해서든지 개정해 보자'는 유연한 사고방식이 뿌리 내리기를 기다리는 수밖에 없는 것이다.

67
최선을 다해 죽는 방법

_ 죽음을 선고 받은 사람의 삶은 이전과 다르게 확실히 바뀐다. 석가모니는 '삶의 고통을 자각하라. 그것이 깨달음을 향한 첫걸음이다'라고 거듭해서 말한다. 하지만 아직 살아갈 날은 많다고 생각하며 안심하는 사람에게 석가모니의 목소리는 들리지 않는다. 삶의 순간순간이 고통이라는 생각은 자기 앞에 갑작스럽게 죽음이 가로놓일 때 비로소 온몸으로 다가온다.

만약 사람이 갑작스러운 삶의 고통 속에 빠져든다면 어떻게 하는 것이 좋을까. 석가모니는 정신을 집중하여 만들어낸 지혜의 힘으로 자기 마음을 관찰하라고 말씀하셨다. 마음을 관찰하여 고통의 원인과 움직임을 정확히 읽어내라고 했다. 그리하여 고통을 주는 마음의 나쁜 요소들을 끊어버리는 것이다.

훌륭한 방법이지만 보통 사람에게는 쉽지 않다. 이렇게 냉정하게 행동할 수 있다면 누구도 고생하지 않을 것이다. 하지만 쉽지 않다는 것을 알지만 그와 같은 노력을 계속하며 설령 죽음의 공포를 완전히 없앨 수 없다 해도 적어도 자존심을 세우고 앞을 바라보며 생을 마치는 것은 가능할지도 모른다. 2008년 7월 10일 암에 걸려 아까운 생을 마친 소립자 생물학자 도츠카 요지 선생의 부음을 듣고 나는 그런 생각을 했다.

도츠카 선생과 만나던 날의 선명하고 강렬한 체험은 앞에서 말했다. 그것은 내 삶에서 빛나는 결정체와도 같은 시간이었다. 예리하고 강하면서도 온화한 성품의 선생에게 나는 완전히 매료되었다. 한 번 더 만나 과학이나 불교에 대한 이야기를 충분히 나누고 싶었는데 이제는 그조차도 이루어질 수 없는 꿈이 되어버렸다.

도츠카 선생은 죽기 직전까지 개인 블로그를 운영하고 있었다. 블로그에는 선생의 생전 모습이 자세하게 기록되어 있다. 죽음과 마주하면서도 냉정하게 자신을 분석하고, 어떻게 해서라도 마음속에 있는 고통의 원인을 제거하고자 노력하는 모습은 수행자 그 자체였다. 선생의 글을 읽고 있으면 가슴이 아파온다.

도츠카 선생이 생리학자로서 초일류였다는 것은 모두 아는 사실이지만, 나에게 선생은 석가모니의 수행을 실천해 보인 '부처님의 가르침을 체현하는 사람'이었다. 아름다운 꽃 사진으로 곱게 꾸며놓은 블로그에 더 이상 새로운 내용의 글이 올라오지는 않겠지만, '최선을 다하며 죽는 방법'을 찾아가던 경외해야 할 지도자의 모습만은 오래오래 선명하게 남아 있을 것이다.

도츠카 선생, 나에게 최상의 이정표를 남겨주셔서 진심으로 감사의 말씀을 올립니다.

68

석가모니도 생각하지 못한 남녀평등의 수행세계

_ 지금부터 100여 년 전 독일에 에미 뇌터(1882~1935)라는 여성 수학자가 있었다. 그녀는 수학의 흐름을 근본적으로 바꿀 만큼 천재였다. 상대성이론과 씨름하고 있던 아인슈타인에게 학문적인 충고를 하기도 했다. 그러나 그녀는 일류 수학자로서 모두 인정했지만 평생 제대로 된 직장을 가질 수 없었다. 신분이 낮은 박봉의 생활을 하며 어렵게 살아가던 그녀는 말년에 미국으로 건너가 53세에 죽었다.

천재적인 수학자인 그녀가 사회적으로 차별받은 이유는 무엇일까. 바로 여성이라는 사실 때문이다. '여자는 남자보다 머리가 나쁘다. 따라서 지적활동은 무리다'라는 편견이 그녀를 불행하게 만들었다. 최고의 지성이 모인 근대 유럽 과학계에서조차 인식 수준이 이 정도였으니 2600년 전 인도가 어떠했을지는 상상이 가고도 남는다. 여성은 '후계자를 낳는 도구'였으며 남자보다 나약한 존재로 무시되고 경시되었다.

그즈음 인도에서 탄생한 불교에서 여성의 위치는 어떠했을까. 유감스럽지만 불교에서도 남녀평등은 통하지 않았다. 비구니의 여성 승단은 남성인 비구 승단 아래에 자리했으며, '항상 비구 승단의 지시에 따르라'고 되어 있다. 그런데 정확하게 따지면 비구와 비구니는 선배와 후배 관계다. 이유는 남성 승단이 먼저 성립하고 뒤에 여성 승단이 만들어졌다는 데 있다. 비구 승단이 만들어진 뒤 남성 중심의 운영 방법이 정해진 다음 '여성에게도 출가를 허락해주자'고 하여 후배 그룹으로서 비구니 승단이 만들어졌다. 그 사이 '후배는 뭐든 익숙하지 않기 때문에 선배인 비구들의 말을 잘 듣고 지시에 따르라'라는 의미에서 차이가 생겼다. 만약 비구와 비구니 승단이 동시에 성립되었다면 훨씬 더 평등한 관계를 맺었을 것이다. 여기에서 말하고 싶은 것은 불교의 차별은 승단 운영상의 차별일 뿐, 출생의 우열에 의한 차별이 아니라는 점이다. 어디까지나 선후배 관계에 의한 상하격차일 뿐이다. 증거를 들자면 부처님이 '똑같이 수행하면 남자도 여자도 동등하게 깨달을 수 있다'고 말씀하셨다. 참으로 고마운 말씀이다.

사람에게는 태어날 때부터 우열이 있다는 생각이 차별의 원흉이다. 그러나 불교에는 그런 차별이 없다. 운영상의 차별뿐이라면 운영을 바꾸면 해소된다. 출발할 때 어쩔 수 없었던 선후배 격차도 여성 승단이 독립할 수 있을 정도로 성숙해지는 단계에서 철폐하면 된다. 부처님 당시에는 무리였겠지만 2600년이 지난 지금이라면 가능한 이야기다. 석가모니도 생각하지 못한 완벽한 남녀평등의 수행세계를 우리 시대에는 쉽게 실현할 수 있는 것이다. 지금도 일본에 남아 있는 불교계의 남녀차별은 그런 이상을 거스르는 나쁜 습관이다. 앞으로 탄생할 불교계의 '에미 뇌터'를 지켜낼 수 있도록 지금부터 불교를 다듬고 고쳐나가는 것이 우리의 의무다.

69
씩씩하고 쿨한 비구니들이 불교를 지킨다

_ 석가모니는 '성별이나 혈통으로 사람의 가치가 정해지는 것이 아니다'라고 생각했다. 그런 가르침으로 본래 불교는 출생으로 사람을 차별하지 않는다. 사람은 모두 승려가 되는 단계에서 똑같은 지점으로 하여 출발한다고 생각한다. 앞에서 말한 것처럼 역사적인 경위로 인해 남성 승단과 여성 승단 사이에 차이가 발생했다. 이는 어디까지나 제도상의 문제일 뿐이다. '남녀 사이에는 본질적으로 우열이 없다'고 하는 것이 부처님 가르침의 기본이다. 출가하여 수행하는 삶의 방식은

여성에게도 동등하게 열려 있다.

불교가 올바르게만 운영된다면 승려의 수는 남자 반, 여자 반이 되어야 한다. 전 세계 여러 나라를 살펴보면 그런 비슷한 구조로 운영되는 곳도 분명히 있다. 태국 등지의 남방불교국가에서는 비구니라는 존재 자체가 승인되지 않는 데 비해 한국이나 대만의 불교계에는 비구와 비구니의 수가 비슷하다. 수많은 성실한 비구니들이 그 나라의 불교를 지탱하고 있다. 불교를 더 깊이 공부하고 싶다는 생각이 강한 비구니들은 과감하게 해외 유학을 떠나기도 한다.

내가 지도한 학생들 중에 한국에서 온 비구니 스님이 있다. 그녀는 일본에 처음 왔을 때 '곤니치와(안녕하세요)'도 제대로 말하지 못했다. 그런데 5~6년 사이에 일본어를 자유롭게 구사하더니 대학원에 진학하여 박사학위를 받고 마침내 내 저서를 한국어로 번역하여 출판에 도움을 주었다.

어려운 경제상황에서도 참고 또 참고, 그럼에도 불구하고 의지를 관철하는 그녀의 자세에 머리가 절로 숙여진다. 스님은 지금

중국에 있다. 중국어를 배우고 그 뒤에 미국으로 가서 서양의 불교 사정을 연구해 보고 싶다고 한다. 누군가의 도움을 받아 가는 것이 아니다. 모든 것을 자신의 지혜와 노력으로 개척해가는 길이다. 스님의 구도 여행이 성취될 수 있기를 마음속 깊이 기원한다.

사람의 가치가 출생으로 정해지지 않는다는 것은 뒤집어 말하면 태어난 뒤에 얼마만큼 노력하는가에 그 사람의 가치가 정해진다는 의미이다. 참으로 험난한 길이다. 하지만 어렵고 험난한 길을 바람을 가르고 질주하는 데 불교의 멋진 모습이 있다. 게다가 그것은 남녀 구별 없이 누구나 선택할 수 있는 길이다!

일본 불교에는 아직도 여성을 차별하는 경향이 강하다. 부끄러워해야 한다. 씩씩하고 쿨한 비구니 스님들이 불교계를 이끌어갈 날을 목표로 자기를 변화시키는 데 힘쓰기를 바란다.

70
수행이 일상이 되면 킹코브라도 무섭지 않다

_ 며칠 전 태국 북부 산악 지대에 있는 불교 사원으로부터 갑작스런 편지가 도착했다. 보낸 사람은 두 명의 일본인, 태국으로 건너가 현지에서 승려가 되어 수행중이라고 한다. 일본에서 여러 가지로 고민한 끝에 문자 그대로 불퇴전의 각오로 바다를 건너간 사람들이다. 그들은 태국에서 '자신들의 뒤를 잇는 일본인에게 이정표를 남기고 싶다'는 생각으로 엄격한 수행을 하고 있으며, 일본어로 된 수행 텍스트를 작성 중인데 혹 나에게 도움을 줄 수 있느냐고 물어 온 것이다. '이런 스님들

도 있단 말인가!' 나는 크게 놀랐다. 그런데 편지에 쓰여 있는 그들의 수행 생활을 읽고 한 번 더 놀라고 말았다.

스님들이 수행하는 산악 지대에는 무서운 킹코브라 독사가 서식하고 있다. 몸통 길이가 5미터를 넘는다. 한 번 물면 엄청난 양의 독을 내뿜어 코끼리도 쓰러뜨릴 정도라고 한다. 두 분 스님 중에 젊은 스님은 절에 살지 않고 인적이 드문 산 위의 동굴에서 생활하고 있는데 종종 킹코브라가 출몰한다. 편지에는 '얼마 전에는 킹코브라가 기어들어와 하룻밤을 함께 보냈습니다'라고 쓰여 있었다. 정말 무서운 담력이다.

무덤가에서 시체를 바라보며 정신 집중하는 수행자 이야기를 한 적이 있다. 시체는 그래도 이빨로 물지 않으니 안전하다. 코브라와 함께 있는 것이 훨씬 더 공포스럽다. 그런 위험한 상황에서도 아무렇지도 않게 수행하는 마음가짐에 그저 탄복할 따름이다. 그런데도 두 수행자는 '사람들이 우리를 보고 수행한다고 말하지만, 특별히 달라진 것은 없고 그저 놀면서 생활하고 있습니다'라고 말했다. 더 놀라운 것은 우쭐대며 '깨달음과 가까워졌다는 느낌이 듭니다'라고 말하지 않는다는 점이었다.

두 일본인 수행자의 편지에는 '장래의 꿈'이라든지 '수행의 완성'이라든지, 뭔가 해내려고 하는 '인생의 목표'가 별로 느껴지지 않았다. 해내고자 하는 강한 의욕이 없는 듯했다. 그것은 수행이 일상에 녹아들었기 때문이다. 일상의 수행, 그 자체로 살아 있음을 실감나게 해준다고 할까. 초대받았기 때문에 꼭 가보려고 한다. 직접 가서 불가사의한 그들의 얼굴을 보고 싶다.

다만 문제는 코브라다. 훌륭한 스님들은 물지 않겠지만 수상한 냄새를 풍기는 불교 학자에게는 입을 쫙 벌리고 달려들지 모른다. 몽구스를 데리고 가는 방법도 있지만 효과는 알 수 없다. 현재 이런저런 방책을 생각 중이다.

71
죽음 뒤에는 무엇이 있을까

_ 부처님은 2500년 전 돌아가실 때, 자신은 어디에도 다시 태어나지 않을 것을 확신하며 편안하게 눈을 감으셨다. 숨이 몸에 남아 있는 동안에는 치밀하고 빈틈없이 살아가고, 죽어서는 완전히 소멸하는 것이 석가모니의 소망이었다. 부처님이 최고의 목적으로 삼은 '완전한 소멸'을 일컬어 열반이라고 한다. 불교란 '올바른 열반으로 가기 위한 길'이다.

석가모니는 '죽어서 완전히 소멸하는 것이 무엇보다 안락하다고 생각하라'라고 거듭 말하셨다. 그러나 일반인은 쉽게 이해되거나 받아들여지지 않는다. 사랑하는 사람을 잃고 슬픔에 가슴이 갈기갈기 찢어질 때를 상상해 보라. 어떻게 해서라도 고인의 존재를 잡아두고 싶은 것이 사람의 마음이다. '어딘가에 다시 태어나 지금도 분명 살고 있을 거야'라고 생각하면 괴로운 상실감도 어떻게든 견딜 수 있다.

죽어서도 다시 태어난다는 생각은 인간 사회에 공통적으로 해당되는 '구원'이라 할 수 있다. 구원에 모든 것을 맡기고 '다시 태어난다는 것'을 진심으로 믿을 수만 있다면 그것은 대단한 일이다. 다시 태어난 뒤 자비의 손 안에, 안락한 세계에서 영원히 살아갈 수 있다고 마음속 깊이 믿을 수 있다면 인생의 고뇌는 해결된다.

그러나 합리와 이성이 지배하는 현대 사회에서도 철저하게 따지는 것은 지난한 업業이다. 결국 '사랑하는 고인은 어딘가에서 계속해서 살아주길 바라지만, 진정 바라는 것은 역시 죽으면 그것으로 끝나버리는 것이 아닌가'라고 하는 막연한 느낌을 지닌 채 힘든 세월을 보내게 된다.

그때 부처님의 가르침이 생생하게 들린다. 부처님은 죽으면 아무것도 남는 게 없다고 생각하며 두려워하는 사람들에게 '아무것도 없어도 좋다. 그것이 최상의 안식이다'라는 말씀으로 길을 열어 주셨다. 그 말씀에는 현실에 뿌리내린 신뢰감이 들어 있다.

어쩌면 우리가 죽은 뒤 절대적인 존재가 우리를 구원해 줄지도 모르고, 어딘가에 다시 태어나게 될지도 모른다. 하지만 절대적인 존재도 없고 구원도 없고, 아무것도 남기지 않은 채 소멸해 버린다면 죽은 이는 그저 평안하다. 이것이 부처님이 우리에게 확신을 가지고 보증해 준 '죽음의 진실'이다.

72
불교 예술이 불교는 아니다

_ 불교는 오랫동안 일본 예술의 원동력이 되어왔다. 불상이나 불화, 사원 건축이나 정원, 다도, 화도, 가부키 등 셀 수 없이 많다. 불교는 일본의 예술 세계를 지탱하는 거대한 기둥이다.

하지만 불교를 창시한 부처님은 예술을 싫어했다. 사람의 마음을 매료시키는 '아름다운 것, 재미있는 것'은 정신 집중의 적이라고 생각하셨다. 외부의 자극에 마음이 흔들리면 수행에 방해가 된다. 수행의 발목을 잡는 것은 모두 버려야 한다. 당시 불교 세계에서 승려들은 회화, 조각, 음악 등 모든 예술적인 것을 버리고, 정적이 흐르는 아주 평범한 풍경 속에 묵묵히 앉아 정신을 모으고 있었던 것이다.

이러한 상황이 수백 년 동안 계속되어 왔지만 부처님을 추모하는 사람들의 존경심이 점점 높아져 마침내 부처님의 모습을 바위에 새긴다거나 그림을 그리기에 이르렀고, 음악이나 춤을 통해 표현하게 되었다. '불교 예술'의 탄생이다. 이러한 불교 예술은 불교 본래의 목적인 수행과는 조금도 관계없는 세속의 일이다. 만약 부처님이 살아 계시다면, '걱정스러운 일이다. 그런 걸 할 시간이 있으면 가만히 자신의 마음을 바라보라'고 말씀하셨을 것이다.

그러나 훌륭한 사람을 받들고 싶다는 열정은 점점 더 뜨겁게 불타올랐다. 불교 예술은 크게 성행하여 각 나라마다 독자적 예술 세계를 형성해 갔다. 일본의 불교 예술도 그 가운데 하나다.

석가모니의 가르침과 불교 역사를 생각하면, 불교 예술의 존재가 무조건 좋은 일이라고만 생각할 수 없다. 스님에게는 오히려 장애다. 실제로 진중하게 수행에 몰두하는 스님일수록 세속의 미술이나 예술에 무관심하다. 하지만 그런 스님들이 빚어내는 엄숙한 분위기나 불상에 대한 경애심이 사람들의 마음을 움직이고, 거기에서 다시 예술이 나타나게 된다면 이는 불교가 계기가 된 '숭고한 정신의 행위'로서 칭찬받아 마땅하지 않을까.

불교 예술이 불교 그 자체는 아니지만 불교가 얼마나 사람들의 마음을 끌어당기고 있는지 그 정도를 보여주는 표시가 된다. 그 시대의 불교 안에, 예술가의 혼에 불붙일 만큼 매력이 없었다면 참다운 불교 예술은 결코 탄생하지 않는다.

예술 같은 것은 돌아보지도 않고, 오로지 수행에 몰두하는 승려의 뒷모습이야말로 훌륭한 불교 예술이 가진 힘의 원천이다.

73
스마트폰 시대에 생각하는 법

_ 정신을 집중하라는 말을 자주 한다. 생각해 보면 막연하고 이상한 말이다. '정신'이란 무엇인가? 그 정체를 정확히 말할 수 있는 사람은 사실 별로 없다. 게다가 정신을 '집중한다'는 것은 또 어떻게 해야 한다는 말일까. 그런데도 우리는 '정신을 집중하라'는 말을 듣고 자연스럽게 이해하고 움직인다. 특정한 무엇에 대한 생각을 계속하여 깊은 사색에 잠기는 상태! 말로는 표현하기 어렵지만 누구라도 행동으로 옮길 줄 아는 것은 인간의 본능이다.

오늘날 문명사회에 활짝 꽃핀 과학과 예술은 모두 '정신을 집중하여 생각하고 또 생각해서 꿰뚫어낸 인간의 깨달음'이 빚어낸 것이다. 인간만이 가진 '정신집중'이라는 특별한 능력이 동물과 다르게 고도의 문화를 꽃피울 수 있게 하였다.

정신집중의 중요성을 누구보다 잘 알고 있던 이가 바로 석가모니다. 희로애락, 감정의 기복을 누르고 고요히 앉아 허리를 펴고 한 가지에 마음을 모은다. 그때 장황하고 산만한 생활에서는 얻을 수 없는 아주 특별하고 강력한 지성이 마음속에서 발생하여 사물의 진리가 보이게 된다. 부처님은 자신의 참된 모습을 발견하고 싶다면 집중된 정신의 힘을 사용하라고 설하셨다. 그것이 불교의 기본이다.

나는 이 책을 통해 불교를 현대에 맞게 활용하는 방법을 다양하게 생각하고 있는데, 제일 먼저 권하고 싶은 것이 정신집중의 효용이다. 가부좌를 틀고 앉아 좌선하라는 것이 아니다. 한 가지 생각에 지속적으로 파고드는 시간이 얼마나 중요한지 다시 한 번 인식할 필요가 있다고 말하는 것이다.

미디어 속에서 흘러나오는 수많은 정보로 골치가 아픈 현대 생활에서 의식적으로 외부의 자극을 차단하고 어떻게 해서든지 생각할 시간이 필요하다. 그와 같은 시간들이 다음의 문화, 다음의 세계관을 구축하는 원동력이 된다.

새로운 무엇을 창조하고, 깊이 있는 가치관을 세우고 맛깔스런 인생을 살아가는 사람들이 늘어나면 우리 사회는 훨씬 더 건강해진다. 그 촉진제로 한 가지 일을 철저하게 생각하는 습관을 모두가 진지하게 실천해 볼 필요가 있다. 사회인이 모두 '생각하는 사람'이 되는 것이 중요하다.

74
죽을 것인가
출가할 것인가
일어날 것인가

_ 불교는 본래 "집안이 평안하게 해주십시오" "사업이 번성하게 해주십시오" 하는 것처럼 미래의 행운을 바라는 종교가 아니다. 집안이 평안하지 않고 사업이 번성하지 않아도 사는 것이 괴롭다고 느끼는 사람들을 위해 불교는 존재한다.

부처님 당시 출가하여 제자가 된 이는 대부분 삶의 고통에 찌들려 더 이상 어디에도 갈 곳이 없는 사람들이었다. 보통 사람이라면 삶을 포기할 지경이다. 그런 사람들을 이끌어 제도하는 것이 불교다.

"오랫동안 익숙해 있는 일상 사회의 규칙대로만 살려고 하면, 막다른 곳에 이르러 꼼짝도 못하게 된다. 한번쯤 그것들을 전부 버리고 출가해 보라. 그곳에는 보통 사람들이 소망하는 세속적인 행복은 없지만 대신 고통을 떠난 평온한 나날들이 존재한다. 그렇다면 어느 쪽을 택할 것인가. 죽을 것인가, 출가를 할 것인가"

이와 같은 엄정한 질문을 던지는 것이 불교이다. 불교가 탄생한 이후 긴 시간을 살펴보면, 불교를 만나 자살하려는 마음을 접고 재출발한 사람의 수는 그야말로 셀 수 없이 많을 것이다.

최근에는 경제 불황으로 사는 것이 고통스럽다고 느끼는 사람이 늘고 있다. 큰 꿈을 안고 미래를 향해 달려가야 할 젊은이들이 하릴없이 컴퓨터에 앞에 앉아 안타까운 밤을 보내는 모습은 너무나 가슴 아프고 안타깝다.

그러나 괴로운 상황에 처해 본 사람은 다른 이의 고통도 이해할 수 있게 된다. 힘겨운 상황 속에서 슬픔을 느껴 본 사람은 자기도 모르는 사이에 인간성이 성숙해진다. 그런 사람들이 늘어나면 비로소 사회도 건강해지게 된다. 그렇다면 지금 고통스러운 상황에 빠져있는 젊은이들은 앞으로 우리 사회에서 귀중한 인재로 거듭나지 않을까.

요즘 젊은이들에게 "사는 게 힘들면 출가해서 스님이 되라"는 극단적인 말은 할 수가 없다. 하지만 '삶의 고통'이야말로 지혜와 자애를 낳고, 인생을 만족하며 살아갈 수 있는 중요한 영양분이 되는 부처님의 가르침만큼은 알게 해주고 싶다.

한편 불교계에 있는 사람들은 시대의 파도 속에서 고뇌하는 젊은이들의 기분을 이해하고, 그들을 소중하게 지켜주고 응원해주었으면 한다. 불교는 어느 시대, 어떤 세상에서도 '자비의 그릇'이었다.

75
뇌 과학으로
밝혀지는 마음의 구조

_ '뇌의 세기 심포지엄'이라는 행사가 해마다 열린다. 뇌 과학의 선두를 달리는 학자들이 모여 최신 정보를 교환한다. 얼마 전 심포지엄에 초청을 받아 특별강연을 한 일이 있었다. 일류 과학자들과 같은 무대에서 이야기하는 일은 나에게 큰 영광이다. 무엇보다 과학과 불교의 관련성을 탐구해온 노력을 조금이나마 인정받은 것이 기뻤다.

'인생의 고통을 없애기 위해서는 마음의 구조를 바르게 알고, 그 속에서 고통을 만들어내는 나쁜 요소(번뇌)를 자신의 힘으로 제거하지 않으면 안 된다'라고 불교에서는 말한다. 그러나 마음의 구조를 바르게 안다고 말하지만, 과학적으로 마음을 분석할 방법이 없었던 시대였으므로, 의지할 수 있는 것은 오직 자신의 지력^{知力} 뿐이다. 그렇다면 자신의 지력으로 자신의 마음을 아는 것이 가능한가.

이 물음에 대해 석가모니는 "정신을 집중하여 그 힘으로 마음을 관찰해 보라"고 가르쳤다. 분명 효과적인 방법이었지만 결코 쉬운 길은 아니었다. 정신 집중이 가장 올바른 방법이었음이 틀림없지만, 만약 당시 뇌 과학적 탐구 방법이 있었다면 바로 도입했을 것이다. 대단한 합리주의자인 부처님이라면 당연한 일이다.

부처님 시대에는 바랄 수 없었던, '마음의 탐구 방법'으로서 뇌 과학이 오늘날에는 비약적으로 발전했다. 세포 하나하나의 변화를 수백 분의 일 초 단위로 정밀하게 조사하는 것이 가능할 정도이다. 우리 마음의 움직임이 뇌 세포에 어떤 작용으로 생겨나는 것인지, 그 복잡한 매커니즘을 차츰 이해하게 되었다. 객관적인 과학정보로써 마음의 구조가 밝혀지고 있다. 그야말로 인간이 자신의 지력으로 마음을 관찰하는 시대가 도래하고 있는 것이다.

한편으로는 과학으로 인간의 마음을 전부 해명할 수 있는지에 대해 의문을 제기하는 이들도 많다. 나도 과학이 모든 것을 해결할 것이라고는 생각하지 않는다. 그러나 뇌 과학이 지금까지 누구도 알아낼 수 없었던 마음의 구조를 놀라울 만큼 명철하게 밝혀내고 있는 것도 사실이다.

앞으로 뇌 과학이 '스스로의 마음을 보라.'고 말한 부처님의 가르침에 대해 강력한 지지자가 되어줄 것은 틀림없다. 불교와 뇌 과학 사이에 생겨날 새로운 지知의 세계에 큰 기대를 걸어본다.

4

기도보다 더 빠른 길은 스스로 달리는 것

세상에는 훌륭한 가르침과 사상이 수없이 많다. 그러나 그것을 아는 것만으로는 의미가 없다. 스스로 생각하고 실천하는 기개가 있어야만 가치가 있다. 이것이야말로 석가모니의 유언에 담긴 진정한 메시지다.

76
나의 뇌가 나를 세뇌시킨다

_ 고기나 생선을 그대로 방치하면 금방 썩어버린다. 그러나 생명이 있는 한 육체가 썩는 일은 없다. 살아있음의 불가사의함이다. 나도 태어난 지 50년 이상이 지났지만 아직까지 몸도 마음도 상하지 않았다(고 생각한다). 아무렇게나 내버려두면 순식간에 무너져내릴 육체나 정신을, 몸과 마음의 '특수한' 활동으로 꽉 죄어 70, 80년 동안 유지해가는 것이 생명의 작용이다.

조금만 방심해도 금방 무너져버릴 것을 달래고 얼러서 어떻게든 유지해 가도록 하기 때문에 생명을 유지하는 몸과 마음의 계획은 무서우리만치 정밀하다. 우리 수명은 정밀함의 균형 위에 아슬아슬하게 유지된다고 볼 수 있다.

뇌는 이런 상태를 유지하기 위해 여러 가지 궁리를 한다. 눈에 보이지 않는 모습을 추측한다거나 미래의 일을 예상하고, 혹은 상대의 행동으로 적군인지 아군인지 순간적으로 판단한다. 이것들은 모두 될 수 있으면 안전하게 살아가고자 하는 뇌의 전략이다. 뇌는 우리에게 실제보다 더 효율성 높은 세계를 보여줌으로써 우리가 살아가도록 생존을 지탱하고 있는 것이다.

하지만 때로는 그러한 작용이 지나쳐 불행을 부르기도 한다. 예를 들면 다른 사람의 마음을 제멋대로 추측하여 '저 사람은 재수 없는 일을 생각하고 있는 게 틀림없어'라며 지레짐작으로 의심하거나, '저 사람은 나를 무시하려고 하니까 내 편이 아니야. 분명 적일 거야'라고 극단적으로 생각하고 적개심을 갖는 것 등. 현실적으로 조금 애매한 상황에 처했을 때 순간적으로 상황을 부정적으로 몰아가거나 스스로를 비하시키는 것이다.

이러한 뇌의 자연스러운 활동을 막는 일은 불가능하다. 그렇지만 '뇌가 보여 주는 세계가 진짜 모습과는 다르다'는 것을 미리 인식하고 있으면, 사고의 폭이 훨씬 더 넓어진다. 맹목적인 믿음의 묶음이 풀리게 되면 있지도 않은 고뇌는 사라진다.

부처님은 말씀하셨다. "고통의 근본 원인은 자기 마음의 불합리한 믿음에 있다. 그것을 없애버리면 고통도 사라진다" 그 가르침은 오늘날에도 여전히 통용된다. 아니 그보다 한 발 더 나아가, 온갖 정보가 뇌 속으로 쏟아져 들어와 전혀 새로운 믿음을 만들고 세뇌시키는 현대에서야말로 부처님의 말씀은 더욱 유용하고 가치가 있다.

77
불교병원 원장님의 처방

_ 불교는 곧잘 의료에 비유된다. 병, 즉 '삶의 고통'을 치유하기 위한 의료로서의 불교다. 건강한 사람도 언젠가는 병에 걸려 의사의 진료를 받게 된다. 지금 눈앞의 행복을 만끽하고 있는 사람도 좀 더 많은 인생을 살아가다 보면 삶과 죽음의 무게를 느끼게 되고 '산다는 것은 고통스러운 일'이라는 생각에 이르게 되어 불교의 문을 두드린다.

불교가 의료라면 부처님은 예컨대 병원 원장쯤 된다. 그렇다면 부처님 병원의 진단 결과는 무엇일까. 우리가 가진 고통의 원인을 부처님은 어떻게 진단하고 있을까? 불교는 인간의 마음을 다루는 종교이다. 육체적인 문제에는 관여하지 않는다. 병이나 상처와 같은 육체적 고통은 진짜 의사에게 맡기고 불교는 마음의 고통만을 치료 대상으로 한다. 마음의 고통, 고뇌의 근본 원인을 부처님은 '불합리한 생존 의욕'에 있다고 생각하셨다.

인간에게는 살고자 하는 생존 의욕이 있다. 생명이 있는 존재라면 본능적인 일이다. 하지만 생존 의욕이 의식 작용으로 인하여 불합리한 태도로 왜곡될 때 삶의 고통이 발생한다.

구체적으로 말하면 '자기'라는 것이 있고 '자기'를 중심으로 한 세계가 있다고 생각한다. 자신의 외부에는 '자기 생각대로 되는 세계, 자기가 소유하는 세계'가 있다고 믿는다. 그런 '자기'라든지 '자기의 소유물' 등은 언제까지 영원히 존속할 것이라고 기대한다.

그리고 그것들에 집착해 계속해서 지금처럼 있고 싶다는 생존 의욕이 발생한다. 만약 세상이 지금처럼 계속되는 것이라면 그러한 희망도 이루어질 것이다. 그러나 세상은 반드시 변한다. 함께하던 사람이 사라져버리고, 잘 되던 일이 좌절되고 건강하던 몸이 병에 걸리기도 한다. 수없이 '지금처럼 영원히 있고 싶다'고 생각하지만 소망은 언젠가는 반드시 깨지고, 그때 우리는 거대한 '고苦'에 직면하게 되는 것이다.

살고 싶은 생각 자체는 순수하지만 자기 마음대로 되는 세상을 만들어 살고자 하면 무리를 하게 되고 고통이 생겨난다. 고통의 근원은 '자기' 또는 '자기의 소유물'이라는 자기욕심을 만들어내는 어리석음에 있다. 불교에서는 이를 '무명'이라고 한다. 삶이 고통스러운 이유는 자기 존재를 너무 절대시하여 생각하는 무명의 어리석음이라는 것이다.

치료법은 오직 하나, 자기 입맛에 맞게 제멋대로 보는 시선을 버리고 세상의 모습을 객관적으로 올바르게 파악할 수 있는 마음을 키우는 것이다. 무명을 잘라버림으로써 유해한 자아를 제거하는 것이 불교병원 원장 선생의 처방책이다.

78
정확한 데이터
불교

_ 과학의 역사에서는 다윈이나 아인슈타인 등 누구나 알고 있는 천재만이 눈에 띄기 때문에 이러한 사람들이 한꺼번에 쏟아져 나와 과학 활동을 시작한 것처럼 보인다. 하지만 사실은 그렇지 않다. 과학사에는 셀 수 없이 많은 사람들의 수수하고 착실한 연구 성과물이 쌓여 있다가 어느 시기에 특별한 재능을 가진 천재가 나타나 수많은 연구를 바탕으로 새로운 이론을 만들어낸다. 과학은 그런 과정을 거쳐 조금씩 발전되어 왔다.

새로운 연구의 소재가 되는 미세한 씨앗이 없었다면 가령 천재라고 해도 독자적인 연구의 길을 개척하기란 불가능하다. 명쾌하고 매력적인 이론의 바탕에는 수많은 과학적 정보가 빽빽하게 거미줄처럼 얽혀 있는 것이다.

불교도 이와 똑같다. 부처님과 제자들이 실제 수행을 해가는 가운데 발견한 '세계의 구조'는 방대한 데이터로 기록되어 있다. 그것은 '아비달마'라고 부른다. 평생 걸려도 다 읽을 수 없을 만큼의 양이 지금도 남아 있다. 예를 들면 수많은 아비달마 책 속에서도 널리 알려진 것은 손오공이다. 유명한 삼장법사 현장이 인도에서 가지고 와 한문으로 번역한 《아비달마대비바사론》이라는 책인데, 무려 1,000페이지에 이른다. 일본어로 번역하면 아마 3,000페이지도 넘을 것이다. 내용은 '우주이야기' '시간의 정체' '인과의 법칙' '번뇌의 종류와 그를 없애는 방법' '깨달음으로 가는 길' 등 불교가 관여하는 모든 문제가 놀랄 만큼 정밀하게 쓰여 있다. 불교에 그런 영역이 있다는 사실은 일반인에게 거의 알려져 있지 않다. 하지만 법칙성에 의해 성립된 세계의 모습을 합리적인 정신에 맞게 기록한 종교서의 집성이라는 점에서, 세상에서 보기 드문 분야에 대한 연구이다. 옛날 기품 있는 승려라면 누구나 연구에 몰두했겠지만, 지금은 완전히 퇴색되어 몇몇 전문가밖에 연구하지 않는다.

그러나 예를 들어 '색즉시공色卽是空*'이라는 관용구만 보더라도 아비달마에 관한 지식 없이 정확한 의미를 파악하기는 어려웠을 것이다. 짧은 문구의 바탕에도 거대한 아비달마 체계의 정보가 만든 산의 그림자가 드리워져 있는 것이다.

요즈음 이렇게 짧은 관용구에 제멋대로 해석을 붙여 '이것이 불교다'라고 주장하는 이들이 늘어나고 있다. 원인 중 하나는 아비달마에 대한 무지無知 때문이다. 아무런 기초 정보도 없이 우주 물리학에 대해 논하는 것과 같다. 근거도 없이 단편적으로 "우주란 이런 것이다"라고 말을 꺼내봤자 개인의 독단적 의견을 의미 없이 나열하는 것일 뿐이다.

불교도 과학처럼 실제 데이터를 바탕으로 하여 성립된 세계라는 것을 꼭 알아두기 바란다.

* '색즉시공色卽是空'에서 색色은 이 세상의 물질 전반을 의미하는 용어이다. 여기에는 눈이나 귀와 같은 감각기관과 색이나 형상, 음이나 향기, 맛 등 감각기관에서 인식하는 모든 외적 요소를 포함한다. 색즉시공이란 '그런 물질적 존재에는 본질적인 실재성이 없다'라는 의미다. 색즉시공은 아비달마의 가르침이 아니라, 아비달마에 대항하여 등장한 대승불교의 공空 사상에서 쓰이는 말이다. 아비달마에서는 반대로 '색은 틀림없이 실재하고 있다'고 설한다.

79

생각하다, 생각하다, 생각하다

_ '의식意識'이라는 말은 인도에서 발생한 불교 용어다. 그것은 '생각〔意〕으로 인해 일어난 인식'이라는 말이다. 생각〔意〕이란 마음에서 일어나는 것이므로 바꾸어 말하자면 '마음에 의해 일어난 인식'이 된다.

그렇다면 마음 이외의 것에 의해 일어난 인식도 있느냐고 물으면 분명 그것도 존재한다고 답할 수 있다. 눈에 의해 일어난 인식이 시각〔眼識〕, 귀에 의해 일어난 인식이 청각〔耳識〕이라고 하는 것처럼 눈, 귀, 코, 혀, 피부에 해당되는 각기 다섯 종류의 감각 기관이 인식을 일으킨다. 그리고 마음이라는 인식 기관이 '의식'이라는 인식을 일으키는 것이다. 요컨대 우리의 인식은 보고, 듣고, 냄새 맡고, 맛보고, 만지고, 생각하는 여섯 가지 종류이다.

우리의 인식은 어떤 때라도 여섯 가지 인식 중에서 단 하나가 일어난다. '하나라고? 그럴 리가. 텔레비전을 볼 때 보면 보는 것과 동시에 소리도 듣고 있지 않은가'라고 생각할지 모르지만 그렇지 않다. 우리의 인식은 스스로 전혀 느낄 수 없는 사이에 엄청난 속도로 매순간 변한다. 눈에 보이지 않는 그 순간을 찰나刹那라고 한다. 찰나는 시간의 단위로 몇십 분의 1초 정도 되는 아주 짧은 시간이다. 인식은 찰나마다 바뀐다. 텔레비전 화면을 보면서 동시에 소리도 듣고 있다고 하는 것은 사실 착각이다. '보는 것'과 '듣는 것'을 서로 번갈아가며 행하고 있는 것이다. 하지만 그 변환의 속도가 너무나 빨라 동시에 일어나는 것처럼 느껴질 뿐이다.

이와 같이 사람의 인식은 찰나에도 이리저리 바뀌어서 차분하지 않다. 그 인식을 꼼짝 못하게 눌러 '어느 하나만을 생각한다'고 하는 것에 집약시키는 것이 정신집중이다. 찰나의 연속, 그 속에서

'생각하다 → 생각하다 → 생각하다'라고 하는 일관된 상태를 만들어내는 것이다.

이와 같은 설명은 아비달마라는 불교 철학에서 지극히 작은 일부분이다. 뇌 과학적으로 옳은지 그른지는 별개의 문제이지만, 불교가 상당히 지적인 체계를 가지고 있음은 이해할 수 있을 것이다. 불교는 단지 자상하기만 한 것이 아니다. 우리의 지적 호기심을 자극하는, 충분히 매력적인 다양한 세계를 보여 준다.

80
시간의 흐름에 속지 말라

_ 젊었을 때부터 애니메이션이 좋아서 미야자키 하야오^{宮崎駿}의 〈천공의 성 라퓨타〉를 영화관에서 몇 번이나 보았다. 진짜보다 더 진짜처럼 움직이는 것 같은 화면의 생동감이 더할 나위 없이 좋다.

정지되어 있는 그림을 한 장 한 장 연속적으로 스크린에 비춤으로써, 그 어떤 복잡한 움직임이라도 표현할 수 있는 애니메이션은 참으로 신기하다. 알고 보면 스크린 위에서 순간순간 점멸하는 세계일 뿐인데 바라보는 우리는 연속해서 움직이고 있다고 느낀다.

불교가 생각하는 '시간의 흐름'도 이와 같다. 우리가 사는 세계는 원래 순간마다 태어나면 사라지고, 태어나면 사라지는 것을 반복한다. 그렇게 찰나마다 일어나는 점멸의 연속을 '시간의 흐름'이라고 한다.

따라서 시간이라는 것은 거침없이 훌쩍 흘러가는 것이 아니라 뚝뚝 끊어지면서 나아간다. 예를 들어 '나'라는 존재도 순간마다 생멸하고 있다. 앞의 순간에 있던 나와, 다음 순간의 내가 다른 존재인 것이다.

다만 거기에는 '카피copy의 법칙'이라고 하여 특별한 일이 없는 한 동일한 나의 모습이 차츰 복사되면서 계속되고 있다. 마치 한 사람이 죽 연속적으로 살아가고 있는 것처럼 보이는 것이다. 그러나 한 장의 그림을 반복해서 복사하게 되면 조금씩 닳는 부분이 생겨 화상이 망가지는 것처럼 찰나 찰나의 카피가 반복되는 동안 '나'라고 하는 존재도 조금씩 변형되어 간다.

알고 보면 지금의 나는 태어날 때의 아기 모습과는 닮았지만 또 닮지 않은, 아저씨 모습으로 변해 있다. 이처럼 피할 수 없는 붕

괴 현상을 제행무상諸行無常이라고 한다.

시간이라는 특별한 것이 있어서, 시간에 따라 모든 것이 진행된다고 생각하는 것은 아니다. 단지 모든 것이 태어나면 사라져가는 제행무상의 세계를 우리가 시간으로 파악하고 있을 뿐이다. 그리고 '태어나면 사라지는 모든 것'을 불교 용어로 '유위有爲'라고 부른다. 불교가 목표로 하는 것은 유위의 산골짜기를 넘어선 곳에 있는 이미 시간의 흐름에 농락되는 일 없는 평안의 경지이다.

81
성실한 대화만으로 공감하는 종교가 있다

_ 일본을 대표하는 유전학자 사이토 나루야齊藤成也는 고교시절 친구다. 이름 순서대로 사이토 다음 사사키인 내가 차례로 앉은 것이 인연이 되어 절친한 친구가 되었다. 그 친구가 얼마 전 고향 후쿠이福井에서 강연회 자리를 마련하고 나를 초대했다. 어르신들을 위한 불교 강좌였다. 가을날 오후, 장소는 크고 오래된 민가의 거실이었다. 토방에서 올라가 난로 옆을 지나 거실에 들어서자 등이 걸린 방안에 강의용 책상이 마련되어 있었다.

책상 앞에 앉고 보니 서른 명 정도의 청중이 은은한 불빛 아래 조용히 앉아 기다리는 풍경이 눈에 들어왔다. 불편한 몸을 이끌고 와주신 장인어른의 모습도 보였다. 가족의 애정에 마음이 따듯해지는 순간이었다.

강의는 인도 이야기로 시작하다가 차츰 불교의 본의로 깊이 들어갔다. 말하는 사람도 듣는 사람도 하나가 되어 저녁 어스름이 깊어가는지도 몰랐다. 2시간에 걸친 강의가 끝난 뒤 정신을 차리고 보니 살에 와 닿는 바람이 서늘하게 느껴졌다.

종교가 세상에 널리 퍼지려면 사람에게 전하는 행위가 필요하다. 세대를 넘어 무엇인가 특정한 가르침이나 세계관이 연속적으로 전해져야 비로소 종교라는 이름의 활동이 된다.

문제는 '무엇을 어떻게 전할 것인가?'이다. 예를 들어 이 세상에는 절대자가 존재한다는 가르침을 전하고 싶다면 말 뿐만 아니라 장엄하고 화려한 분위기가 있는 공간이나 예술을 체험하도록 하여 절대자의 존재를 실감할 수 있게 만드는 것이 효과적이다. '교주님의 빛'을 전하고 싶으면 단순히 물건이 아니라 신비적인 인물의 이미지를 만들어 그 모습을 우러러보도록 하는 것이 좋다.

그렇다면 불교가 전하고자 하는 것은 무엇인가. '부처님이 체험한 수행의 길은 우리를 확실히 향상하게 한다'라는 확신이다. 이러한 가르침을 효과적으로 전달하기 위해 유일하게 필요한 것은 도의 정당함을 이해할 수 있는 성실한 대화이다. 즉 바른 자세로 올바르게 이야기하는 것만이 불교 전달을 위한 가장 효율적인 방법이다.

나는 다만 부처님의 대변인이다. 오래된 민가에서 한 강의는 불교가 본래 지니고 있는 '전달의 자세'를 실감나게 해주었다. 어둑한 공간에서 서로 마주보고 앉아 진지하게 이야기를 나누는 것만으로도 그 깊은 뜻이 전해지는 우직한 종교도 있다.

82
불교를 믿지 않아도
모두 같은 생명

_ 정직한 종교는 '사람을 죽이면 행복해진다'라고 말하지 않는다. '자기가 싫어하는 일은 다른 사람도 싫어할 것이 분명하다'라는 동류同類를 향한 배려가 있어야 비로소 사람의 마음은 온화해진다.

다른 사람을 죽여 버리겠다는 나쁜 마음이 부글부글 끓어오르는 자에게 안온함이란 있을 리 없기 때문이다. 종교의 목적이 '온화한 날들의 실현'에 있다면, 거기에는 반드시 '같은 무리同類를 죽이지 마라'고 하는 가르침이 들어 있다. 그러므로 종교는 유혈流血

과는 절대로 관계가 없어야 한다.

그러나 우리가 아는 이야기는 반대다. 누구나 아는 것처럼 수많은 종교의 역사에는 피가 묻어 있다. 종교 때문에 죽어간 사람의 수는 상상할 수 없을 정도다. 이것은 너무 큰 모순이다. 어찌하여 종교가 살인과 연관되어 있는 것인가.

첫 번째 이유는 같은 무리를 죽이지 마라고 하는 경우 동류同類의 의미에 대한 범위에 있다. 동류를 같은 생각을 가진 자로 한정하면 자신들의 생각에 따르지 않는 사람은 동류가 아닌 적이다. 이는 곧 적은 죽여도 좋다는 억지 이론이 된다. 꼭 죽일 정도는 아니더라도, 적이라면 고통스럽게 해도 좋다는 식의 증오를 정당화한다.

동류의 의미를 어떻게 정하느냐에 따라 종교는 자상하고 평온한 것이 되기도 하고 가혹하고 배타적인 것이 되기도 한다. 종교가 얼마큼 평화적이고 온건한 것인지 알고 싶으면 그 종교의 동류 의식의 폭과 넓이를 보면 안다. 같은 종교를 믿는 사람들로만 견고한 성을 쌓고, 외부인을 적대시하는 종교는 반드시 폭력성을 띠게 되는 것이다.

불교의 역사도 피로 얼룩져 있다. 그것은 부정할 수 없다. 하지만 부처님 시대까지 거슬러 올라가면 폭력의 그림자를 전혀 발견할 수 없다. 석가모니의 불교는 '부처님의 가르침으로 구제될 사람이 있는 반면 다른 쪽을 향해 전혀 다른 길로 가는 사람도 있다. 적어도 부처님에게 다가오는 사람만이라도 도와주자'고 생각한다. 자신들의 생각을 인정해 주지 않는 사람을 가르침의 적이니까 혼내주자고 생각하지 않는다. 불교를 알지 못하는 것은 참 안타까운 일이라고 실망할 뿐이다. 이는 모든 생명체가 '같은 무리'라는 생각에서 비롯된다.

'생각이 다르더라도 생명체로서 모두 같다'는 생각으로 석가모니의 불교는 일체의 폭력성을 떨쳐버렸다. 그 이념은 현대 사회에도 귀중한 지침이다.

83
심심한 하루하루가 삶의 가장 큰 의지처다

_ 인간은 명석한 두뇌를 가진 덕분에 도리어 애를 먹는 경우도 많다. 생각하지 않아도 될 일들을 굳이 이것저것 생각하여 부드러운 얼굴에 그늘을 드리우고 한숨을 쉬는 동물은 호모사피엔스, 인간뿐이다. 그런데 그 큰 뇌가 고민으로 가득차 터져버릴 것 같으면서도 멀쩡한 것은 이상하다. 아마도 우리가 수많은 고민에도 견딜 수 있는 뭔가 대단한 삶의 이유가 있는 것은 아닐까.

일, 아이, 창조적 활동, 혹은 자원봉사…… 등, 무엇이든지 '날마다 조금씩 앞으로 나아간다'고 하는 충족감이나 기대감이 우리의 마음을 받치는 기둥이 된다. 만약 그 기둥을 평생 굳게 붙들고 살 수만 있다면 만세를 부를 일이다.

하지만 삶의 소중한 버팀목이 되는 이유도 어느 순간 갑자기 사라져버리기도 한다. 특히 뜻하지 않은 재난이나 신체의 노쇠함으로 살아갈 의욕을 잃어버리면 인간은 절망의 늪에 빠지고 만다. 어떻게 살아가야 하는지 정말 막막하다.

사방이 꽉 막힌 가운데 오직 한 가지 색깔로만 칠해진 모노크롬과 같은 고통의 세계를 다시 한 번 산뜻한 색깔로 부활시키기 위해서는 내 자신이 바뀌는 수밖에 없다. 조금씩 천천히 말이다. 먼저 자신에게 물들어 있는 세속적 가치관을 버려야 한다. 그렇게 하지 않으면 행복한 사람들과 불행한 '나'와의 차이가 점점 마음을 조여와 견딜 수 없도록 만든다. '세속적 행복'을 더 이상 '나의 행복'으로 생각하지 말아야 한다.

행복의 기준은 자신의 본래 모습에 있다는 것을 머릿속에 기억해야 한다. 자기 존재에 자긍심을 가지고 성실하고 견실하게 생활하는 것이 무엇보다 얻기 어려운 고결한 삶의 태도라는 생각에 이르면, 삶이 가치 있게 여겨진다. '바른 마음을 가지는 것'이 삶의 양식이 되는 것이다.

'자신의 본래 모습을 첫 번째 삶의 이유로 삼는다'는 생각은 불교 수행의 기본이다. 속세를 떠나 출가한 수행자에게 세간의 행복은 아무것도 아니다. 혼자서 명상하는 날들이 죽을 때까지 계속된다. 그 단조로운, 그러나 성실한 하루하루야말로 결코 무너지지 않는 가장 큰 의지처가 되며 삶의 이유가 된다.

출가는 본래 세상에서 삶의 이유를 잃어버린 자들이 택한 최후의 수단이다. 물론 현대 사회에서는 간단하게 출가하는 것이 불가능하다. 하지만 출가를 하지 않더라도 수행자와 같이 올바른 마음을 의지하여 생활해갈 수만 있다면, 거기에서 반드시 삶의 의미를 찾을 수 있을 것이다.

84
열등감도
마음의 영양분이다

_ '비교한다'는 것은 매우 중요한 행동이다. 적이 다가왔을 때 이쪽과 저쪽, 어느 쪽으로 도망치는 것이 안전할까? 순간적으로 빠르게 판단하지 못하는 동물은 너무 늦게 도망쳐 죽고 만다. 먹이 쟁탈전에서도 이것과 저것, 가령 고기가 많이 붙은 덩어리가 어느 쪽인지 빨리 판단해야 한다. 정확하게 보고 나누지 않으면 먹이를 충분히 먹을 수 없다.

살아가기 위해 꼭 필요한 '먹는다'라는 행위는 이미 문화의 기반이 되었다. 개수나 크기의 비교가 수학을 낳고, 소리의 높낮이를 비교하면서 음악이 만들어졌고, 재산의 비교가 경제를 성립했다. 인간의 역사는 매순간 비교하면서 만들어져온 것이다.

우리 또한 자기 자신을 무언가와 비교하며 살아간다. 어릴 적에는 형제와 비교하고 가까운 친구와 비교한다. 어른이 되면 동료와 비교하고 상사나 선후배와도 비교한다. 비교 대상이 얼굴에 점이 몇 개인지, 귀는 또 얼마나 큰가와 같은 사소한 것이라면 아무런 문제가 되지 않는다.

하지만 자존심이 걸린 문제라면 달라진다. 자아를 토대로 우열이 결정되면 단박에 감정이 격해진다. 날마다 계속해온 일이지만 어느 날 갑자기 다른 사람보다 못하다고 느낄 때, 자신의 존재 자체가 무의미하게 느껴진다. 열등감은 담쟁이풀처럼 우리 마음에 찰싹 달라붙어 가슴을 조이며 고통스럽게 한다.

불교에 '참회'라고 하는, 마음상태를 나타내는 표현이 있다. '좋은 사람을 존경하고, 이르지 못한 자신을 반성한다'는 의미다. 참회란 매우 좋은 일이며 깨닫기 위한 필수조건이라고 한다. 왜냐하면 그러한 겸허함이 자신을 한층 높여주는 활력소가 되기 때문이다.

그런데 사실 참회는 열등감을 다른 각도에서 본 것에 지나지 않는다. 참회는 '나는 열등하다'라는 생각에서 시작한다. 다만 열등감은 다른 사람보다 뒤떨어지기 때문에 나는 가치가 없다고 생각하는 것에 머물지만, 참회에서 말하는 열등감은 '나는 뒤떨어지기 때문에 그만큼 오만해지지 않는다. 오만하지 않기 때문에 아직 더 잘해낼 수 있다'고 생각한다. 열등감을 다른 방향에서 보고 더욱 더 향상하기 위한 활력소로 활용하는 것이 불교의 참회이다.

뒤떨어져 있다는 것은 나쁘지 않다. 가장 나쁜 것은 오만해진 마음으로 착실하게 노력하는 것을 그만두는 것이다. 열등감은 그것을 막아준다. 질긴 덩굴 풀로 비유되는 열등감도 실은 마음의 중요한 영양분이다. 보는 눈을 바꾸면 일생의 훌륭한 벗이 된다.

85
당연하게 여기는 것들을 돌아보라

_ 사람은 누구나 평등하다. 오늘날 이 말은 너무나 당연하여 신선한 맛이 없다. 하지만 그런 '당연하게 여기는 자세'가 중요하다. 인류의 긴 역사 속에서, 인간은 태어나면서부터 평등하다는 생각이 자리를 잡은 것은 불과 수 세기 전 일이다. 먼저 간 사람들의 죽음을 불사한 노력이 있었기에 드디어 '평등'에 대한 생각이 자연스럽게 머리 속에 자리 잡은 것이다. 평등을 당연하게 생각하는 매우 좋은 세상에 우리는 살고 있는 셈이다.

그러나 한편으로는 아직까지도 우리 마음속에 무서운 차별이 잠재되어 있는 부분이 있다. 앞으로의 생명과학은 우리가 감추고 있는 차별성을 찾아내는 것이 될 것이다. 예를 들어 클론(무성생식으로 복제된 인간) 기술로 만들어낸 인간을 어떻게 다룰 것인가. 인간이 태어나면서부터 평등하다면, 어떠한 방법으로 태어난다고 해도 인간은 인간일 뿐이다. '일반인과 클론'으로 나누는 방식 자체가 불합리한 차별이다. 그러나 사랑하는 이의 분신으로 낳은 아이와 자기의 피부세포 하나에서 태어난 클론 아이를 똑같은 마음으로 사랑하는 것이 가능할까. 이것은 미래사회에서 반드시 우리가 고민할 내용이다.

부처님은 고도의 평등주의자였다. 집안이나 혈통으로 사람의 가치가 정해진다고 생각하던 고대 인도에서 결연하게 반기를 들고 "사람의 가치는 출생이 아니라, 마음이나 행위에 따라 결정된다"고 설하셨다. 당시로는 혁명적인 주장이다.

그런데 부처님이 만든 불교 승단에도 다양한 차별이 있었다. 세상 사람에게 받은 보시에만 의지하던 불교는 당시 인도 사회의 차별 의식을 거스를 수 없어, 장애인이나 중병을 앓는 사람들의 출가를 인정하지 않았다. 남녀 사이에도 격차를 두어 여성 수행자를 낮게 보았다. 그런 차별은 부처님도 어쩔 수 없는, 당시에는 무척 견고한 사회적 상식이었다.

사람은 아무리 열심히 생각해서 '이것이 최고'라고 생각해도, 시대의 통념이 만들어낸 틀에서 벗어날 수 없다. 부처님은 정말 최선을 다하셨지만, 오늘날의 관점에서 살펴보면 충분하지 않은 점이 있다.

이는 우리 자신에게도 던져 봐야 할 질문이다. "사람은 누구나 평등하다." 당연하다고만 생각하고 끝날 일이 아니다. "참다운 평등이란 무엇인가?"를 항상 묻지 않는다면, 나도 모르는 사이에 차별의 연못에 빠지게 되고 만다.

86
정보의 홍수시대, 진짜 정보를 찾아라

_ 2600년 전, 부처님이 살아계시던 인도에는 문자 문화가 없었다. 사람이 사람에게 생각을 전하는 수단이라고는 오직 입에서 나오는 말뿐이었다. 그 말은 음파가 되어 상대의 귀에 도달한 뒤엔 곧 소멸한다. 소리를 기록해 두는 수단이 아무것도 없었기 때문에 일단 들은 말을 놓치게 되면 그것으로 끝이었다. 잃어버린 정보는 두 번 다시 되돌릴 수 없다. 듣고 기억하는, 한 순간의 대화가 사상을 전달하기 위한 유일한 수단이었던 것이다.

부처님의 가르침은 문자가 없는 세상에서 몇 대에 걸친 스승과 제자의 전달로 계승되어 왔다. 한 구절 한마디라도 틀리지 않도록 신중하게 말하는 스승과, 그것을 통째로 기억하고자 이를 악물고 듣고 있는 제자의 긴박한 상황 속에서 전해진 지력知力의 유산인 것이다.

옛날 사람들은 힘들었겠다고 놀라기 전에, 내 몸을 먼저 돌아보자. 현대는 영상도 소리도 좋아하는 것만 골라 보존할 수 있는 시대가 되었다. 흘러들어 오는 정보를 기계에 담아 두었다가 이용 가치가 있는 것만 차근차근 골라 머릿속에 넣어두면 된다. 앉아서 몇 번이고 반복해서 학습할 수 있다고 생각하면 마음이 편해져서 '배움'은 일상의 즐거운 오락이 되기도 한다.

하지만 여기에는 '이것이 처음이자 마지막이다'라는 아슬아슬한 긴박감이 전혀 없다. 훌륭한 사람에게서 듣는 단 한 번뿐인 말을 보물인 양 소중하게 가슴에 품고 몇 번이나 반복하여 그 의미가 몸속에 스미도록 이해하는, 그러한 경험이 전해주는 절박감이 없다.

엄청난 정보가 홍수처럼 주위를 흘러가고 있어도, 나 자신이 강한 흡입력을 가지고 있지 않으면 그것을 유효한 양분으로 사용할 수 없다. 어떤 사회에서도 마지막으로 정보의 가치를 결정하는 것은 우리 자신의 신중함이다.

"부처님이 오셨다"는 말을 듣고 발바닥이 부르트도록 며칠이나 터벅터벅 걸어가 그곳에서 들은 단 한 번뿐인 가르침을 일생 동안 잊지 않고 생각하는 그런 삶의 태도를 가진 옛 인도인들의 눈으로 보면, 말을 푹푹 낭비하는 현대인이 이상할지 모른다. 아마도 "지혜를 닦는 것이 어려운 힘든 시대로군" 하고 말할지도 모르겠다.

87
말을 다듬는 것도 수행이다

_ 말은 사용법이 어렵다. 입에서 나오는 음성이나 종이에 쓰인 문자 몇 개가 경우에 따라서는 사람의 마음을 갈기갈기 찢어버린다. 손으로 때리거나 무기를 쓰지 않아도, 악의가 담긴 말을 하는 것만으로도 상대에게 치명상을 입힐 수 있다. 말을 만들어내는 것은 인간의 두뇌다. 사악하고 어리석은 두뇌를 가진 자는 언어를 흉기로 삼아 휘두른다. 언어폭력은 어리석은 자의 증거다.

불교에서는 십불선十不善이라고 하여 '해서는 안 될 나쁜 행위'

를 크게 열 가지로 분류한다. 거기에는 죽이다〔殺生〕, 도둑질하다〔偸盜〕처럼 일반적인 항목과 함께 언어로 인한 악행이 네 가지 들어 있다. 거짓말하다〔妄語〕, 사람 사이를 깨뜨리는 이간질하다〔兩舌〕 거친 말을 내뱉다〔惡口〕, 이치에 맞지 않는 말을 하다〔綺語〕, 등 네 종류다. 불교가 언어의 폭력성을 얼마나 싫어했는지 잘 알 수 있다.

네 가지 악행은 언어를 통해 사람의 마음을 사악하고 비열해지도록 타락시킨다. 다른 사람에게 상처를 줄 뿐만 아니라 자기 자신도 열등하게 만든다. 거짓말만 하고 있으면 점점 거짓말과 진실의 구별이 어렵게 되어 자기에게 유리한 허위의 세계에서 살아가는 이기적인 인간이 되어버린다.

거친 언어로 다른 사람에게 호통만 치면, 인간의 정을 헤아리는 감수성이 마비되어 부드러운 성정을 잃어버린다. 결국 야만적인 짐승에 가까워진다. 그것은 '훌륭한 자기완성을 목표로 하는' 불교의 길을 역행하는 일이다. 이 때문에 불교는 철저하게 언어폭력을 멀리하는 것이다.

온화하고 바른 마음을 가진 사람의 말은 부드럽고 바르다. 당연한 이치다. 그런데 불교가 주장하는 것은 '지금 현재, 난폭한 마음에 지배당하고 있는 사람일지라도 온화하고 바른 말을 계속해서 사용하고자 노력하면, 머지않아 그 사람 안에도 온화하고 바른 마음이 생겨난다'는 것이다.

 불교는 자신의 말을 스스로 컨트롤해가는 것이 곧 그대로 수행이 된다고 말한다. '상대의 기분을 헤아리면서 신중에 신중을 더해 성실하게 말하는' 그런 태도로 하루하루 보냄으로써 우리는 자기 자신을 조금 더 나아지게 닦는 것이 가능해진다.

88
마음에 숨은 악역을 찾아내라

_ 불교와 관련된 이야기에는 번뇌라는 말이 자주 등장한다. 번뇌는 마음속의 나쁜 요소를 말한다. 일본에서 울리는 제야의 종도 108번, 염주알도 108개……, 모두 번뇌의 수를 나타내는 것이다. 흔히 108번뇌라고 하지만 세세한 것까지 포함하면 훨씬 더 많다. 불교의 목적은 번뇌를 지우는 것인데, 그토록 많은 번뇌를 없애기란 얼마나 힘이 들까.

특별한 비법이 있으면 좋겠다. '아자!' 하는 기합소리에 모든 번뇌가 단박에 사라지고 맑은 깨달음만이 남는다면 고생도 덜 할 것이다. 하지만 번뇌를 단숨에 없애는 비법도 주문도 없다. 번뇌라는, 어둡고 못된 악의 벌레는 마음에 찰싹 붙어 어지간해서는 떨어지지 않는다. 그것을 신중하게 떼어 내고 떼어 내는 것, 이것이 수행의 길이다.

다만 번뇌가 무수히 많다고 해도 하나하나씩 전부 없앨 필요는 없다. 불교에서는 번뇌에도 '친분親分격의 번뇌'와 '자분子分 번뇌'의 차이가 있으며 친분 번뇌를 없애면 자분 번뇌도 자연히 사라진다고 생각한다. 중요한 것은 없애야 할 친분 번뇌를 확실히 가려내는 것이다. 친분이란, '어리석음〔癡〕' '증오〔瞋〕' '식욕〔貪〕' 등 인간의 본성에 관한 근원적인 열악성劣惡性이다. 자분 번뇌는 게으름, 인색함, 경솔함과 같은 각각의 악역이다.

일상생활에서 '나는 좀 게을러', '나는 구두쇠야'처럼 자분 번뇌에 대해 반성한 경험은 누구나 있다. 그러나 친분 번뇌는 훨씬 더 깊은 곳에, 자신이 알아차리지 못하는 지극히 당연한 일상생활 속에 잠복해 있다. 친분 번뇌를 없애려면, 무엇에도 욕심 내지 않고 자기중심적 사고를 버리고 모든 것을 합리적으로 공평하게 본다면 가능하다. 그것이 얼마나 어려운지 생각해 보면, 친분 번뇌의 질이 얼마나 나쁜지 금방 알 수 있다.

정말 나쁜 녀석은 그늘처럼 보이지 않는 곳에 숨어 사람을 괴롭힌다. 그 놈을 찾아내어 단단히 묶어두기 위해서는 지혜와 인내가 필요하다. 확실하게 갈고 닦은 지혜의 힘으로, 깊은 참을성으로 나쁜 악역을 바짝 몰아가야 한다. 한 해의 끝에 울리는 108번 제야의 종은 그 시작을 알리는 신호에 불과하다.

89
나를 지켜 보는 사람이 나를 키운다

_ 어릴 적에는 자주 시를 썼다. 언젠가 내 시가 사이토 하치로 선생의 눈에 들어 칭찬을 받은 적이 있다. 사이토 선생은 〈사과의 노래〉나 〈작은 가을을 찾았다〉와 같이 따뜻하고 온화한 문체로, 사람의 마음을 살포시 감싸는 부드러운 시를 많이 쓴 사람이다. 그처럼 위대한 시인이 내가 쓴 시를 보고 "여기에 이런 말을 쓴 것이 참 좋다"라고 정확한 이유를 들어가며 평가해 주었다. 벌써 40여 년 전 초등학교 시절의 일이다. 그 시절을 떠올리면 지금도 마음에 기쁨이 넘친다.

시를 쓰는 재능 같은 건 사라진 지 오래다. 그래도 훌륭한 사람에게 인정 받았다고 하는 자신감이 줄곧 나를 지탱하는 힘이 되어 주었다. '대단하다', '잘 한다'라며 대충 칭찬하는 것이 아니라 스스로 알지 못한 좋은 점을 찾아내 조근조근 말로 표현해 주었을 때의 기쁨! 나는 평생 그 기억을 안고 살아갈 것 같다.

석가모니 부처님은 수많은 제자들 한 사람 한 사람의 특성을 가늠하여, 그 성격에 맞게 효율성이 높은 수행 방법으로 지도했다. 예를 들면 주리반타카라는 제자는 기억력이 나빠 아무것도 기억하지 못했다. 수행을 해도 전혀 소용이 없다. 본인도 상심하여 우울해하고 있을 때, 부처님이 "주리반타카여, 무리하게 외우려고 하지 않아도 된다. 너에게는 다른 길이 있다"라며 날마다 청소를 시켰다. 주리반타카는 부처님의 말씀대로 매일 청소하던 중, 점차 마음이 맑아져서 마침내 깨달음이 열렸다. 융통성 없이 그저 시키는 것밖에 못했던 주리반타카였기에 열심히 청소만 해도 깨달을 수 있었던 것이다. 부처님의 자애로운 눈이 그것을 꿰뚫어본 것이다.

문명이 아무리 진화해도 사람을 키우고 살아갈 수 있도록 등 뒤에서 밀어주는 것은 풍부한 경험을 가진 선배들의 따뜻하고 깊은 눈길이다. '자기를 봐주는 사람이 있다'는 생각은 마음을 성장시키는 중요한 영양분이 된다. 어릴 적 사이토 선생에게서 받은 따뜻한 추억은 부처님이 제자들을 키우던 그 자비심으로 이어지고 있었노라고 이제야 그 고마움을 절실히 느낀다.

90
시간이 주는 선물,
삶의 고통을 알다

_ 우리 몸은 일생 동안 천천히 쇠해진다. 이것은 괴로운 일이다. 늙지 않고 젊음을 유지하고 싶은 것은 욕심이고 억지다. 해를 거듭할수록 점점 노화하는 것은 피할 수 없는 인생의 고통이다. 그렇다면 마음은 어떠한가. 마음도 몸처럼 노화하는 것일까.

분명 뇌도 노화한다. 시간이 흐를수록 지능이 떨어지는 인지증認知症처럼 뇌 속에 안 좋은 것들이 많이 발생할 가능성이 높다. 뇌도 육체의 한 부분인 것이다. 그러나 내가 말하고 싶은 것은 '뇌를 포함한 육체적 기관은 해를 더할수록 노화하지만, 마음은 어떻게 될까'라는 문제이다. 노인의 마음은 젊은이의 마음보다 약해지는 것일까.

나이를 먹은 만큼 수명은 짧아진다. 몸은 늙고 기억은 희미해진다. 등 뒤에서 죽음의 그림자가 천천히 다가온다. 나이가 들수록 죽음의 기운이 점점 더 짙어짐을 느낀다. 그러나 그 속에서 건강하고 활기찬 청년들은 알 수 없는 '인생의 본질적인 고통'을 스스로 감득하는 힘이 생긴다. 노화하는 육신에 깃든 마음에는 삶의 본질을 꿰뚫는 통찰력과 거기에서 우러나는 타인에 대한 자애로움이 갖추어지게 되는 것이다. 나이를 먹는 일이 인간에게 주는 가장 큰 복이다.

석가모니는 인도에서 왕자로 태어났다. 유복하고 충족한 생활을 하고 있었던 그는 서른 살 전에 '인생의 고苦'를 느끼고 모든 것을 버리고 출가했다. 비록 젊지만, 누구와도 비할 수 없을 만큼 뛰어난 감수성으로 삶의 본질을 꿰뚫어본 것이다. 석가모니는 자신이 깨우친 것을 사람들에게 설하였다. 불교라는 자비심 많은 종교는 이렇게 탄생하였다. 석가모니는 자기 자신의 고통을 아주 절실하게 느꼈다. 그럼으로써 고통을 참고 살아갈 길을 찾아내는 것이 가능했다.

나이를 먹는 것은 이러한 석가모니의 길을 따라 체험하는 것이다. 고뇌를 알아차리는 힘이 곧 마음을 닦는 일이다. 노인이 어찌하여 대단한가. 그것은 삶의 고통을 알고 있기 때문에, 그리고 그 고통을 안고 살아가는 가운데 지혜와 자비의 의미를 진정 이해하고 있기 때문이다. 나이를 먹는 일 자체가 수행이다.

91
나의 불행은
인과응보 때문이 아니다

_ 인과응보因果應報라는 사고방식이 있다. "좋은 일이나 나쁜 일을 하면 그것이 모두 잠재에너지, 즉 업業으로 보존되어 미래의 행복이나 불행의 씨앗이 된다." 그러니까 '나쁜 일을 하지 말라'는 충고의 의미가 크다.

그런데 이를 확대 해석하여 "당신이 지금 불행한 것은 과거에 당신이 나쁜 일을 했기 때문이다"라고 말하는 사람이 있다. 정말 심한 표현이다. 설령 인과응보가 있다고 하더라도 세상 누구라도 선악의 에너지를 산처럼 짊어지고 살아가고 있으니 모두 평등하기는 마찬가지다. 인과응보 운운하며 다른 사람을 비판하는 당사자도 언제 어느 때, 과거의 나쁜 에너지가 표면화되어 불행해질지 알 수 없다.

게다가 잠재된 에너지는 행복과 불행의 한 가지 원인으로 작용할 뿐, 인생의 흐름 전체는 다른 여러 가지 원인이 축적되어 결정된다. 누구도 다른 사람의 행복과 불행을 다 아는 것처럼 설명할 수 없는 것이다. 우리가 해야 할 일은 다른 사람의 불행에 대해 비판하고 설명하는 일이 아니라, 자신의 현재 모습을 올바른 방향으로 이끄는 것이다.

살아가는 일이 마음먹은 대로 잘 되지 않아 고통에 빠진 사람들을 보며 "그건 당신 책임이다"라며 냉정하게 잘라 말하는 사람이 있다. 나는 그들에게 물어보고 싶다. 삶에 힘겨워하는 사람들이 가진 고통의 원인을 논리적으로 설명해 보라고 말이다. 삶의 고통과 어려움을 자기 책임이라고 하는 한, 과거에 어떤 잘못을 저질러서 현재 고통을 당하는 것인지를 한 사람 한 사람 정확하게 말할 수 있어야 한다. 만일 말하지 못한다면 잘못된 인과설을 휘두르며 타인의 불행을 가볍게 취급하는 어리석은 사람이다.

　인생은 재능이나 노력만으로 이루어지지 않는다. 우연히 만난 운명에 크게 좌우된다. 누구라도 자신의 인생을 돌아보면 공감할 수 있는 부분이다. 행·불행의 이유는 사람마다 전부 다르다. 그것을 뭉뚱그려 '불행은 본인의 잘못'이라고 해버리면 합리적이지 못한 일들이 끝없이 일어날 것이다.

　현재 경제 불황 속에서 많은 사람들이 힘들어 하고 있다. 이는 사람들의 인과응보 때문이 아니며 자기 책임도 아니다. 우리 사회의 운명 때문에 괴로움에 빠져 있는 것이다. 그러므로 그런 고통을 없애기 위해 더욱 절실하게 필요한 것은 사회를 움직이는 사람들의 '책임 있는 행동'이다.

92
삶의 방법은 나라에서, 삶의 이유는 종교가 담당한다

_ '만약 삶의 이유를 잃어버린다면, 세속적 가치관을 버리고 자기 자신의 성실함을 의지처로 삼아야 할 것이다'라는 주제의 칼럼을 쓴 뒤 독자들의 반응이 뜨거웠다. 그 가운데는 '지금 당장 삶의 방법(수단)을 잃어버려 먹을 것인가 아니면 먹힐 것인가에 놓인 사람들에게 성실한 삶의 태도니 뭐니 하는 무사태평한 조언을 해서 무엇에 쓰겠는가'라는 구절에 대한 비판이 있었다. 이는 대단히 중요한 문제이기에 다시 한 번 내 생각을 밝히고자 한다.

여기에서 가장 중요한 것은 '삶의 방법'과 '삶의 이유'는 별개라는 점이다. 삶의 방법은 즉 먹고 사는 길이다. 경제 불황으로 일자리를 잃게 된 사람들은 수입이 줄거나 없어 곤궁하다. 그런데 일자리를 공급하는 것은 나라와 같은 사회조직이다. 물론 사람들 마음의 움직임을 종교가 받쳐 주는 것만은 틀림없다. 그렇다고 종교단체가 직접 사회 개혁에 뛰어드는 것은 지양해야 할 일이다.

종교는 아무리 평온하고 관용적인 가르침이라 하더라도 어느 한 가지 삶의 방식을 널리 설하는 활동이기 때문에, 만약 정치적 힘을 가지게 되면 모두에게 특정한 삶의 방식을 강요하게 된다. 종교가 결부된 정치는 반드시 전체주의로 향하게 된다. 삶의 방법에 관한 한, 종교는 언제라도 철저히 뒤에서만 활동해야 하는 것이 옳다.

이에 비해 '삶의 이유'는 개개인의 마음에 속한 문제이다. 생활수준과는 별개의 차원으로 한번 '살아보자'라고 생각하게 만드는 지팡이와 같다. 아이의 성장, 회사에서의 지위, 자기밖에 할 수 없는 일 등, 사는 보람은 누구나 다 다르다. 그 삶의 이유를 어떤 사정으로 갑자기 잃어버리게 되었을 때, 우리는 과연 어떻게 할 것인가? 내가 말하고자 했던 것은 바로 이것이다. 사회문제가 아니다. 한 사람 한 사람의 개인적인 고뇌다. 주위 사람들에게 아무리 소리쳐도 누구도 해결해주지 않는, 그런 어려움에 처해 있는 이들에게 '이렇게 사는 방법도 있습니다'라며 다른 지팡이를 꺼내서 보여주는 것, 그것이 곧 종교가 할 일이다.

불황 속에서 삶의 방법(수단)을 잃어버린 국민을 모두 감싸고 구제하는 일은 나라의 책임이다. 그리고 삶의 이유를 잃어버리고 주저앉아 있는 사람 옆에서 함께 쭈그리고 앉아 말이라도 걸어주는 것이 바로 종교의 역할이다.

93
보시는 얼마나 적당한가

_ 오미쿠지(역주: 신사나 절에서 참배인의 길흉을 점치는 것) 가격이 100엔 정도다. 나도 가끔 산다. 길하거나 흉하거나 내용에는 별로 신경 쓰지 않지만, 100엔 어치만큼 콩닥콩닥 가슴이 뛰는 재미가 있다. 가끔 맞을지 틀릴지 정확하지 않은 종이 한 장을 돈 받고 파는 일은 일종의 사기가 아닐까 싶은 생각도 든다. '이런 괘씸한 일이!' 라고 씩씩거리다가도 역시나 미코상(무녀)의 모습을 보면 "한 장 주세요"라고 부탁하곤 한다.

오미쿠지가 사기가 아닌 이유는 평온함 때문이다. 100엔이라면 모두가 100엔어치 말밖에 기대하지 않는다. 맞지 않아도 아무도 화내지 않는다. 하지만 한 장에 100만 엔이라면 사기일 것이다. '100만 엔어치 말'이 장난으로 끝날 리 없다. 그것은 100만 엔의 가치가 있는 상품이 아니면 안 된다. 즉 종이에 적힌 예언이 반드시 맞아야만 하는 것이다.

종교인들도 살아 있는 인간이기 때문에 어떠한 형태로든 생계를 유지한다. 취급 상품은 '의례', '예언', '마음의 치유'나 '가르침'이다. 문제는 그 가격이다. 오미쿠지의 적정 가치는 100엔, 왜냐하면 파는 사람도 사는 사람도 '쉬어가는 것'이라고 알고 있기 때문이다. 만약 '반드시 맞는 예언'이라면 100만 엔, 아니 그보다 더 비싸게 팔리겠지만, 그리 되지 않는 것은 맞을지 안 맞을지 불확실하기 때문이다.

그렇다면 불교의 스님들이 취급하는 돈, '보시'는 얼마가 적당할까. 100엔일까. 100만 엔일까. 사실 이것은 정할 수 없다. 왜냐하면 보시는 '물건'이나 '서비스'가 아니라 스님의 '태도나 언어'에 대해 지불하는 것이기 때문이다.

오미쿠지라면 '실비 + 쉬어가는 값 + 이익'으로 합계 100엔이라고 계산할 수 있지만, '스님의 태도'라고 하면 정해진 기준이 없다. 100엔으로 충분한 경우도 있을 것이고, 100만 엔으로도 아깝지 않은 경우도 있다. 보시는 승려 자신의 존재에 대해 주위 사람들이 내리는 외부 평가의 표현이 되는 것이다.

승려의 가치는 승려의 존재가 나 자신에게 어느 정도 중요한가, 그 하나로 결정된다.

94
불교는 신앙이 아니라 신뢰다

_ 부처님의 가르침은 위대하다. 하지만 부처님을 완전무결한 초인이라고 생각하는 것은 아니다. 부처님도 우리와 똑같은 인간, 그것은 분명한 역사적 사실이다. 그런 부처님 앞에서 엎드려 그 말씀과 행위까지 속속들이, 추호의 의심도 없이 전부 받아들이는 삶의 태도가 옳다고는 생각하지 않는다.

이런 나의 생각에 반발하는 사람도 많다. '종교는 교조의 말씀을 무조건적으로 믿는 것이다. 그렇지 않다면 신앙심이 없다는 증거다'라고 비판한다. 만일 불교가 신앙에 의해 성립된 종교라면 이러한 비판은 옳다. 그런 면에서 아무리 부처님이라도 때로는 실수도 있었을 거라고 생각하는 나는 무례하고 신심 없는 자다.

그러나 본래 석가모니의 불교는 신앙으로 성립된 종교가 아니다. 불교에서도 믿으라고 말하지만, 그것은 어디까지나 부처님이 설한 길이 자신을 향상시키는 데 도움이 된다는 사실을 '신뢰하라'는 의미다. 불교에서 신信은 신앙이 아니라 신뢰인 것이다. 이 차이는 매우 크다.

'신앙이란, 반드시 올바른 존재가 이 세상에 있다'고 생각하여 그 앞에 자신의 모든 것을 던지고 몸을 맡기는 것이다. 따라서 신이나 초월자에게 구원을 바라는 종교에서는 신앙이 무엇보다 중요한 원동력이 된다. 한편 석가모니는 절대자의 존재를 인정하지 않으므로 신앙의 대상이 될 만한 무엇이 없다. 모든 것을 맡기면 구원해 줄 그런 절대자는 어디에도 존재하지 않는 것이다.

석가모니는 보통사람이다. 다만 일반인보다 훨씬 더 훌륭한 지혜를 지녀 절대자가 없는 세상에서 삶의 고통을 이겨낼 수 있는 길이 있다는 것을 혼자 힘으로 발견했다. 그리고 그것을 우리에게 가르쳐 주었다. 따라서 우리는 그 길을 신뢰한다. 석가모니라고 하는 인물을 믿고 도와달라고 비는 것이 아니다. 석가모니가 설한 그 길을 신뢰하고 스스로 걸어가는 것이다. 그러므로 석가모니가 완전한 절대자가 아니라고 해도 아무 상관없다. 길을 신뢰하는 마음이 있다면, 그것만으로도 불교는 성립하는 것이다.

95
기도보다 더 빠른 길은 스스로 달리는 것

_ 부처님은 유언을 남기셨다. 한 제자가 "부처님, 당신께서 돌아가시면 우리는 무엇에 의지하며 살아가야 합니까?"라고 질문하자 부처님은 "내가 죽은 후에 의지할 것이 두 가지 있다. 하나는 너희들 자신, 그리고 또 하나는 나의 가르침이다"라고 말했다. 세상에서 의지해야 할 것은 자기 자신과 부처님의 가르침, 즉 부처님의 가르침을 토대로 자기 스스로 야무지게 생각하고 행동하라는 얘기다.

부처님은 신비한 절대자를 믿고 구원을 기도하라고 말하지 않았다. 누구누구로 하여금 후계를 잇게 할 테니 그의 말을 따라 살아가라고도 말하지 않았다. 결국 누군가가 이끌어줄 거라는 생각을 하지 말라는 것이다. 부처님은 "깨달음으로 가는 길은 이미 가르쳐주었으니, 그것에 의지해 스스로 나아가라"고 마지막 말씀을 남기셨다. 그래서 불교는 스스로 수행하는 종교가 되었다.

여기서 부처님이 강조한 두 가지를 잘 살펴야 한다. 하나가 아니라 두 가지라는 점이 중요하다. 만일 "자기 자신을 의지하라"는 말을 하지 않고 "나의 가르침만이 유일한 의지처다"라고 말했다면, 제자들은 부처님의 가르침을 금과옥조金科玉條로 삼아 숭배하고, 그것만 지키면 된다고 생각했을 것이다. 이리 되면 부처님의 말만 권위를 얻게 되어 언뜻 보기에 수행을 잘하는 듯 보이지만 실제로는 형식화되어 의례를 반복할 뿐인 쇠약한 승단이 되었을 것이다.

그러나 '너희들 자신 또한 수행의 의지처가 된다'고 하면 안이한 가르침에 엎드려 비는 것으로 그치지 않게 된다. 가르침을 받아들이는 자신의 태도를 묻게 되기 때문이다. 부처님의 가르침을 바탕으로 독자적인 공부나 발상에서 '자신에게 맞는 수행'을 발견해

나갈 것이다.

'위대한 가르침'과 '해이해지지 않는 자기 개선', 이 두 가지가 짝을 이룰 때 비로소 석가모니의 유언은 결실을 맺게 된다.

세상에는 훌륭한 가르침과 사상이 수없이 많다. 그러나 그것을 아는 것만으로는 의미가 없다. 스스로 생각하고 실천하는 기개가 있어야만 가치가 있다. 이것이야말로 석가모니의 유언에 담긴 진정한 메시지다.

96
종교에 조종당하지 않으려면

_ 일본의 교육 시스템은 아주 치밀하게 정비되어 있다. 또 국민들 사이에 '어떤 일이 있어도 배우는 것은 좋은 일이다'라는 사회통념이 넓게 퍼져 있다. 교육을 중요시하는 이런 자세가 일본이 오랫동안 키워 온 국민정신이며 일본의 가장 큰 재산이기도 하다.

하지만 종교 교육만큼은 따로 취급한다. 전쟁이 있기 전 일본이 국가신도國家神道(역주 : 불교와 민속신앙을 억압하기 위해 근대 천황제가 만든 국교제도)에 휘둘렸던 것을 반성하는 과정에서, 교육기관에서 종교를 가르치는 일을 엄격히 제한하게 되었다. 그래서 호기심 많은 일본인도 종교에 대해서는 '모른다', '흥미 없다'고 말하는 사람이 많다. 이러한 상황이 나쁜 것만은 아니다. 자아가 확립되지 않은 아이들에게 특정한 가치관을 심어주면 지적 유연성이 손상된다. 아이는 가능한 한 편협하지 않은 세계에서 순수한 지적 호기심에 기대어 가르쳐야 한다.

그러나 한편 종교가 사회생활의 중요한 요소 중 하나인 것도 사실이다. 세상의 많은 일들은 종교와 관련되어 있다. 종교가 있건 없건 상관없이, 우리는 종교로 얽힌 세계에 말려들어 심각한 영향을 받는다. 사이비종교 옴진리교의 독가스 살포 사건을 보라! 세상에 소용돌이치는 다양한 종교들의 본질을 이해하지 못하면, 사회 정세를 읽어내는 것도 자신이 무엇에 기대어 살아갈지 정하는 것도 어려워진다.

일본은 지금 아이들 교육에서 종교를 격리하여 가르치고 있다. 이는 마치 면역성이 없는 청결한 상태의 아이들을 세상에 내보내는 것과 같다. 아이들이 걸어 갈 세상에는 무수한 종교들이 신도를 얻기 위해 고통을 참아내는 생생한 정신세계의 거친 바다가 놓여 있다. 자칫 잘못하면 자신도 모르는 사이 어떤 종교에 세뇌洗腦되어 시키는 대로 조종당하는 신세가 될 수도 있다. 순수한 우리 아이들 앞에 위험한 상황이 놓여 있는 것이다.

아이들에게 필요한 것은 자신들은 종교교육을 받지 않았다고 자각하는 일이다. 이런 자각이 있으면, '먼저 공부하자. 이것저것 알아보고 선택은 그 다음에 하자'라는 생각을 하게 된다. 종교를 바라보는 객관적인 눈을 키우는 것이다.

세상에는 학교에서 가르치지 않는 필수 과목도 있다. '학문의 권유'는 종교에서도 아주 중요한 지침이다.

97
학문과 실천이 만나는 곳에 불교가 있다

_ 태국에서 코브라와 함께 수행하고 있는 일본인 승려 이야기를 한 적이 있다. 얼마 전 태국에서 그를 만났다. 그는 태국 북부, 인적 없는 넓은 숲 속에서 수행하고 있었다. 주위에는 수행 도량과 돌로 지은 숙소가 넓게 펴져 있었다. 그 가운데 한 숙소에서 머물며 새벽 3시 반부터 시작하는 승원 생활을 체험했다.

새벽 4시부터 1시간 정도 명상하고 경전을 독송한 뒤 간단하게 청소를 한다. 어둠이 걷힐 무렵 탁발에 나서는데, 보통 4~5㎞를 걸어가 근처 집집마다 돌아다니며 밥과 반찬을 발우에 담아온다. 승려들이 모두 한 자리에 모인 뒤 발우에 소복하게 담긴 음식을 나눠 먹는다. 식사를 마치고 나면 대략 8시 반쯤, 그 다음부터는 완전히 자유 시간이다. 하루 중 자유 시간이 12시간 정도다. 불교의 수행 생활은 곧 '자유롭게 쓸 수 있는 시간을 많이 만들어내기 위해 고안된 생활'이라 할 수 있다.

태국에서 나는 자유 시간을 이용하여 두 일본인 승려와 함께 공부했다. 두 승려는 50대와 30대로 한 분은 보살처럼 안온하며 묵묵하고, 다른 한 분은 열화의 기백으로 수행에 매진하는 표범 같은 분이다. 그림에 나올 듯한 대조적인 성격을 지녔다. 숲속 테라스에 탁자를 놓고 앉아 매일 해가 넘어갈 때까지 두 사람과 고대 인도어로 된 성전을 읽어 내려갔다. 읽은 것은 율, 바로 스님을 위한 법률서다.

고대 인도어는 내가 더 잘 읽었다. 하지만 생활 속에서 실제로 율을 지키며 살고 있는 스님들은 율 전체가 통째로 머릿속에 들어가 있다. 보통이라면 도저히 외울 수 없는 방대한 정보량도 날마다 단련하는 가운데 피가 되고 살이 되어 자기 내부에 녹아들어 간 것이다.

내가 2천 년 전 쓰인 책에 의지하여 "이렇게 쓰여 있습니다"라고 말하면 두 스님은 "그건 실제로는 이렇습니다"라고 말하며 실물을 보여주었다. "이런 의식도 쓰여 있습니다만, 지금도 행해지고 있나요?"라고 물으면 "저도 실제로 본 적이 있습니다"라고 대답했다. 2천 년 세월의 차이가 두 수행승이 간단하게 던지는 말로 메워지는 쾌감! 내가 머릿속으로만 짜깁기해 온 학문에 처음으로 생기를 불어넣는 듯한 기분이었다.

반대로 두 수행자는 날마다 당연하게 지키고 있는 율 규칙에 어떠한 의미가 담겨 있는지, 왜 그런 규칙이 만들어졌는지, 평소 가졌던 의문들이 내 설명으로 얼음 녹듯 풀려가는 것을 기뻐했다. 우리는 서로 만남의 기쁨을 만끽하며 하루하루를 보냈다.

부처님 가르침의 진정한 모습은 학문과 실천이 만나는 곳에 나타난다. 그 사실을 피부로 느낀 태국 여행이었다.

98
진정성은 옳은 것을, 올바르게 말하는 데 있다

_ 뉴턴은 성격이 아주 고약해서 다른 사람에게 존경받지 못했다. 편협하고 냉혹하며 질투심 많은 사람이었다. 하지만 뉴턴이 발견한 만유인력의 법칙은 혁명적인 발견이다. 물리학의 세계에서 중요한 것은 무엇을 발견했는가 하는 내용이다. 발견 내용과 인물의 인품과는 전혀 관계없다. 옳은 것을 말하고 있는가만이 판단 기준이 된다. 아무리 싫은 사람이라도 뉴턴은 위대한 과학자로서 역사에 이름이 남게 된 것이다. '옳은 것을 말한다'는 것이 전부이기 때문이다.

이와 같은 생각은 다른 분야에도 통한다. 경제, 정치, 문학 등 옳은 것을 말하는 사람은 위대한 일류인이 된다. 그러나 불교는 다르다. 옳은 것을 말하는 것만으로는 충분하지 않다.

불교는 사람이 가야 할 길을 제시해주는 종교지만, 그 기본은 '성실하게 살아가며 수행에 전념하라'는 것이다. 즉 불교를 믿는 사람은 반드시 성실하게 생활하려는 마음가짐을 가져야 한다. 평온하고 올곧게 사는 것이 부처님 가르침의 첫걸음이 되는 것이다. 이것은 곧 아무렇지도 않게 다른 이에게 상처를 주는 사람은 기본적으로 불교를 이해하지 못하는 사람이라는 뜻이다.

예를 들어 누군가가 '불교란 이러이러한 가르침이다'라고 주장했다고 해도, 말투가 사람을 무시하고 존엄성을 짓밟을 만큼 난폭하다면 그는 불교를 모르는 사람이다. 그러므로 그가 말한 불교는 신빙성을 잃는다. 부처님의 가르침을 다른 사람에게 전하기 위해서는 반드시 안온하게 최선을 다한 언어가 아니면 안 된다. 불교를 전할 경우에는 '옳은 것'을 '올바른 자세'로 말할 때만이 비로소 정당성이 인정되는 것이다.

불교를 언급하는 사람은 아주 많다. 신조나 개성의 차이로 인해 그 내용도 아주 다양하다. 마음에 관한 문제이기 때문에 과학과 달리 흑백으로 나눌 수는 없다. 그러나 적어도 난폭하고 오만한 언어로 설명하는 불교에 진실은 담겨 있지 않다. 그것은 명백한 사실이다. 이러한 기준은 좋은 불교와 유해한 불교를 가름하는 중요한 포인트이다.

99
마음의 법칙성을 알고, 마음을 개선한다

_ 우리는 우주에 '과학의 법칙'이 있다는 것을 알고 있다. 그리고 과학 법칙을 올바로 이해하고 이용하면 생활을 보다 더 좋게 바꿀 수 있을 거라고 생각한다. 오늘날 문명사회가 과학 법칙의 토대 위에 성립했다는 것은 누구라도 인정하는 사실이다. 법칙 그 자체는 좋은 것도 나쁜 것도 아니지만, 올바르게 잘 이용하면 인간 생활에 요긴하게 쓸 수 있다고 여기는 이론이다.

부처님도 같은 생각을 했다. 차이는 그 법칙이 '외부의 법칙'

이 아니라 '마음속의 법칙'이라는 점이다. 외부의 법칙성을 밝혀 인간 생활에 이롭게 쓰는 것이 과학의 목적이다. 이에 비해 불교의 법칙은 인간의 마음속 법칙을 밝혀 인생의 고통에서 탈출하는 데 목적이 있다. 마음의 법칙을 잘 이용하여 안온하고 평온한 상태를 유지하려는 것이다.

인간의 마음은 고통을 잘 만들어내는 구조로 이뤄져 있다. 마음에는 번뇌라고 하는 나쁜 요소가 있다. 번뇌가 어떤 외적 요인이 계기가 되어 활발히 움직이면 현실과 맞지 않는 잘못된 인식이 발생하여 이루어질 수 없는 허무한 소망을 만들어낸다.

예를 들어 마음에 드는 물건이 손에 들어오면 탐욕이라는 번뇌가 활동한다. '이것은 내 물건이다. 나 혼자만 이 물건을 자유롭게 쓸 권리가 있다'고 인식하여 '이것을 영원히 간직하고 싶다. 영원히 살아서 갖고 싶다'는 이루어질 수 없는 바람이 생기고 원망하는 마음마저 일어난다. 이루어질 수 없기 때문에 당연히 그 끝에는 소망이 실망으로 바뀌고 마음은 번민으로 몸부림친다. 번민이 고통이 되는 것이다. 따라서 고통을 근본적으로 뿌리 뽑기 위해서는 고통을 만들어내는 구조 자체를 없애는 방법밖에 없다.

번뇌를 자극하는 외적 원인은 세상에 얼마든지 널려 있다. 하지만 그것들을 모두 없앨 수는 없으므로 마음속 구조를 제거하는 것이다. 그것이 수행에 의한 마음의 개선이다.

일반적으로 마음의 활동은 애매모호하고 불가사의한 영역으로 생각한다. 그러나 불교에서는 '언뜻 보기에는 무질서하게 활동하고 있는 것처럼 보이는 마음의 활동에도 밑바탕에는 정해진 법칙성이 있다. 사람의 마음은 각자 다른 것처럼 생각되지만, 모든 사람의 마음에는 기본적으로 공통된 정칙定則이 있다'고 주장한다. 마음도 자연 법칙으로 바라보는 것이다.

즉 '고통을 제거하고 싶다'고 생각하면 고통의 근본 원인이 무엇인지 논리적으로 밝혀내어 없애면 된다. 그 고찰 결과를 한마디로 정리한 것이 지금 말한 '번뇌를 제거하는 것으로 고통은 사라진다'는 구조다.

여기에 불교의 훌륭한 과학성이 있다. 언뜻 보면 무질서하게 보이는 잡다한 현상 속에서 전체를 통괄하는 기본 법칙을 찾아내는 자세는 과학과 동일하다. 과학처럼 숫자로 정확하게 표현하지는 못하지만 전체가 이치와 논리로 이루어져 있다는 점에서 불교가 얼마나 합리적인 종교인지 알 수 있다.

100
행복으로 해결할 수 없는 고통이 있다

_ 석가모니는 보리수 아래에 홀로 앉아 깨달았다. 그 뒤 전법의 길을 떠나 다섯 명의 제자를 두었다. 석가모니를 포함하여 모두 여섯 명, 이것이 불교의 시작이다. 이때부터 열 명, 백 명씩 제자의 수가 점차 늘어갔다. 그러나 드넓은 인도 땅에서 콩알만 한 단체다. 부처님이 입적할 즈음에도 불교의 규모는 비슷했다. 오늘날 전 세계 신도가 4억에 이르는 거대 종교가 되었지만 불교의 시작은 자그마한 지방의 수행자 집단에 불과했다.

불교가 널리 퍼져나간 것은 부처님의 뒤를 이은 제자들의 노력과 아쇼카 왕의 강력한 후원 덕분이었다. 그 뒤 수백 년 사이에 불교는 인도 전역으로 퍼져 나갔다. 그로부터 2000년이 지나 착실하게 전법의 길을 걸어온 불교는 현재 유럽이나 미국에도 많은 거점을 가진 세계적인 종교로 발전하게 된 것이다.

어깨가 으쓱해질 만큼 번영한 종교이지만, 그 속을 뒤집어보면 부처님의 가르침이 시대의 티끌에 더럽혀지기도 했다. 2600년 동안 세계 각지로 퍼지면서 부처님이 설한 근본적인 가르침이 점차 변형되고 본래의 길에서 벗어났다. 그 흐름을 거슬러 올라가 어떻게 해서라도 본래의 모습을 복원하고 싶은 것이 나의 바람이다.

만일 인생의 고통이 문명의 힘으로 없앨 수만 있다면 옛날 고대 인도의 종교를 끄집어낼 필요는 없을 것이다. 인류사에서 가장 앞선 현대 문명이 모든 이의 고뇌를 해결해줄 것인가? 그러나 수명이 연장되고 생활이 편리해지고 자유로운 시간이 늘어났지만 인간의 마음속 번뇌는 여전히 자라고 있으며 고통은 계속되고 있다. 문명은 우리에게 수많은 안락과 안심을 전해주었지만 제거할 수 없는 고뇌는 남아 있다.

부처님은 말씀하셨다.

"겉으로 보이는 행복으로 해결할 수 없는 고뇌가 있다. 그것은 늙음과 병듦과 죽음의 고통이다."

불교는 고통을 없애기 위해 존재한다. 불교학자인 나는 부처님을 만나 늙음과 병듦, 죽음으로부터 마음을 지켜내는 가르침에 매료되었다. 내가 반한 석가모니 불교를 전하고 싶어 나는 이 책을 썼다. 이것이 나의 존재 의식이다. 부족한 점이 많아 부끄럽지만 내가 해온 일이 다른 사람에게 조금이라도 도움이 된다고 생각하면 힘이 솟는다. 그렇게 써온 졸문 100편, 내 생각이 한 오라기라도 전해지면 더할 나위 없는 기쁨이다.

부처님과의 깊은 인연에 감사하면서 독자 여러분들의 건강한 나날들을 기원한다.

후기

2007년 4월, 〈아사히신문〉 도쿄東京 본사판의 목요석간에 칼럼을 연재하기 시작했다. 불교 '수행'에 관한 내용이면 무엇이든지 원고지 2장 분량으로 한 주에 한 편씩 써나갔다. 독자들이 그렇구나하고 공감하는 그런 곡예 같은 일을 스스로 짊어진 것이다. 처음에는 주제를 구체적인 수행방법에 한정했기 때문에 이야기의 폭을 넓힐 수 없어 힘들었다. 3개월쯤 지나니 도저히 어려워 그만두어야겠다는 생각이 들었다.

그 즈음 독자들에게 편지를 받았다. 편지에는 '잘 읽고 있습니다' '기대하고 있습니다'라고 쓰여 있었다. 편지에 힘을 얻은 나는 더 쓰고 싶은 생각이 들었다. 그러나 아무리 생각해도 수행방법에 대한 글만으로 계속하기 힘들었다. 편집자에게 상의하니 수행방법에 대해서는 어느 정도 된 듯하니 지금부터는 뭐든 쓰고 싶은 것을 써달라는 답을 들었다. 마음이 무척 편해지고 기뻤다. 편집자의 말 한마디에 마음을 고쳐먹고 그때부터 백지를 채우기 위해 쓰는 것이 아니라, 내가 생각하던 것을 독자에게 알려주기 위해 써내려갔다.

내가 생각하는 일이란 부처님의 위대함이다. 부처님은 내 인생의 스승이다. 그런 부처님의 모습을 다양한 각도에서 바라보았다. 부처님의 가르침만을 써내려가자고 방침을 전환하자 글 쓰는 것이 즐거웠다.

나는 칼럼을 쓰면서도 항상 부처님 말씀을 기본으로 삼았다. 하지만 사찰법회가 아니기 때문에 단순히 그것을 소개하는 것만으로는 의미가 없다. 현대인들에게 마음의 의지처가 되는 보편적인 이야기까지 내용을 넓힐 수 있을지 없을지가 중요했다. 다행히 나는 이전부터 과학계 사람들과 친분이 있다. 그뿐만 아니라 내가 만

난 이들은 이과계통이면서도 문과계통을 공부한 재밌는 사람들이 많아서 언제나 강한 자극을 받았다. 그 영향으로 나 자신도 '과학의 관점으로 불교를 보는' 자세가 몸에 배었다. 그런 입장을 명확히 하기 위해,《무소의 뿔犀の角たち》이라는 책도 썼다. 더욱이 〈아사히신문〉의 칼럼에서는 그것을 현대사회에서 활용할 수 있는 지침으로 일반화하여 폭넓게 밝힌 것이다.

이 책은 그 칼럼에서 불필요한 이야기는 줄이고, 새로운 이야기를 더해 전체 균형을 조정하며 작성하였다. 특별히 전하고 싶은 것은 '부처님 가르침대로 살아가는 것의 의미'이다. 독자 여러분이 '불교란 이런 종교구나'라고 생각해 주신다면 그것이 가장 큰 보답이다.

마지막으로 내가 만난 재미있는 과학자 몇 사람을 소개하고, 경의를 표하며 후기를 마무리하고자 한다.

81화에서 나온 유전학자 사이토 나루야齊藤成也, 국립유전학연구소 씨는 고교시절부터 잘 아는 친구다. 이과계통의 한길만을 걸어온 학자로 유전 진화학 분야에서는 국제적으로도 이름이 통하는 과학자다. 그런데 사실 그의 타고난 성향은 문과다. 흥미를 가지는 범위는 종교, 신화, 민속학, 사회학에 역사학까지 멈출 줄 모른다. 사이토는 이과와 문과의 구별이 무의미하다는 것을 완벽하게 보여준다. 그의 영향을 받아 나 또한 불교학을 축으로 거기에 전혀 다른 영역의 지식을 어우러지게 하는 작업을 시도하게 되었다.

과학사상가 요시나가吉永良正 씨도 은인이다. 그의 저서를 읽고 감격한 내가 집까지 찾아가 인연을 맺게 되었다. 과학과 철학을 전공하고 이과와 문과를 아무렇지도 않게 오가는 그의 모습이 통쾌하다. 지식의 양, 사고력, 필력 등 많은 능력이 요구되는 이 분야에서 야마모토山本義隆 씨나 타케우치竹內薰 씨와 어깨를 나란히 하는 일등급 과학 문인이다. 이과 문과의 구별 없이 세계를 전체로 파악하는 방법을 보여준 점에서 요시나가 씨에게 받은 영향이 크다. 그와 만나지 못했다면 이 책을 출판할 수 없었을 것이다.

32화에서 소개한 후지타 이치로藤田一郎씨도 소중한 벗이다. 그는 정신활동의 거점인 '뇌'를 탐색하는 과학자다. 내가 후지타 씨에게서 배운 것은 '다른 분야에 종사하는 사람들을 편견이나 선입관을 가지고 보지 말고, 있는 그대로 경의를 표해 평가하라'하는 태도다. 이것은 간단한 것처럼 보일지 몰라도, 쉽게 할 수 있는 것이 아니다. 그렇지만 개개인의 영역을 넘어 폭넓은 세계관을 갖추기 위해서는 매우 중요한 조건이다. 나는 그것을 후지타 씨에게서 배웠고 실천할 수 있도록 노력했다.

나에게 문장을 쓰는 것은 자기 확신의 작업이다. 자신의 정신수준 이상의 문장을 쓰는 일은 결코 불가능하다. 그러므로 이 책이 지금 나의 정신수준을 말하고 있다. 앞으로 더 수준이 올라갈지 아니면 그대로 있을지는 알 수 없지만, 만일 새로운 관점이 생긴다면, 그 단계에서 다시 한 번 글을 쓸 것이다. 그때까지는 수수하게 계속 연구하는 길밖에 없다. '하루 하루가 수행'이라는 '일일시수행日日是修行'의 본래 길을 터벅터벅 걸어갈 것이다. 그것이 부처님이 우리에게 가르쳐주신 가장 중요한 삶의 태도이므로.

사사키 시즈카

기도하지 않고 날마다 행복해지는 법 100
일일시수행

1판 1쇄 펴냄 2012년 2월 29일

지은이 사사키 시즈카
옮긴이 원영

발행인 이자승 편집인 김용환 총괄 문종남
책임편집 김선경 편집 박선주 김진한 디자인 김정미
제작 윤찬목 마케팅 이제우 관리 김미경

펴낸곳 아름다운인연
출판등록 제 2003 - 120호(2003. 7. 3)
주소 서울시 종로구 견지동 13번지 대한불교조계종 전법회관 7층
전화 02-720-6107~9 팩스 02-733-6708
홈페이지 www.jogyebook.com
구입문의 불교전문서점 02-2031-2070~3

ⓒ 사사키 시즈카, 2012

ISBN : 978-89-93629-74-3 03800
값 13,000원

도서출판 아름다운인연은 (주)조계종출판사의 출판브랜드입니다.